# 消失的银行
# Bye Bye Banks?

【英】 杰姆斯·汉考克（James Haycock）
肖恩·里奇蒙德（Shane Richmond） 著

王浩宇 杨丽萍 译

中信出版集团·北京

图书在版编目（CIP）数据

消失的银行 /（英）杰姆斯·汉考克，（英）肖恩·
里奇蒙德著；王浩宇，杨丽萍译. — 北京：中信出版
社，2017.10（2020.8 重印）
　书名原文：Bye Bye Banks?
　ISBN 978-7-5086-8173-3

　Ⅰ.①消…　Ⅱ.①杰…②肖…③王…④杨…　Ⅲ.
①银行业务 – 通俗读物　Ⅳ.① F830.4-49

中国版本图书馆 CIP 数据核字 (2017) 第 226844 号

Bye Bye Banks?: How Retail Banks are Being Displaced, Diminished and Disintermediated by
James Haycock and Shane Richmond
Copyright © Adaptive Lab, 2015
This edition arranged with ED VICTOR LTD.
Through Big Apple Agency, Inc., Labuan, Malaysia.
Chinese Simplified Translation Copyright © 2017 by CITIC Press Corporation
ALL RIGHTS RESERVED
本书仅限中国大陆地区发行销售

消失的银行

著　　者：[英]杰姆斯·汉考克　[英]肖恩·里奇蒙德
译　　者：王浩宇　杨丽萍
出版发行：中信出版集团股份有限公司
　　　　　（北京市朝阳区惠新东街甲 4 号富盛大厦 2 座　邮编　100029）
承 印 者：北京盛通印刷股份有限公司

开　　本：787mm×1092mm　1/16　　印　张：9.75　　字　数：85 千字
版　　次：2017 年 10 月第 1 版　　印　次：2020 年 8 月第 9 次印刷
京权图字：01-2017-6374
书　　号：ISBN 978-7-5086-8173-3
定　　价：42.00 元

商业银行占据世界金融的统治地位已有相当长的历史，而且它的主要商业模式和行业地位保持不变，即通过向客户提供存贷汇等金融产品和服务获得风险报酬。从个人业务角度看，虽然银行的基本经营模式"零售银行"暂时没有改变，但在互联网、移动智能终端和各类金融科技大行其道的时代，客户对银行的服务提出了更加灵活、个性化和多元化的要求，希望能够随时随地享受银行所有的金融服务，并且要求这些服务更加快捷、方便。更为重要的是，随着大数据、区块链和人工智能等金融科技的开发和应用，新的数字货币正在加速改变银行的经营生态和竞争模式。

《消失的银行》作者杰姆斯·汉考克和肖恩·里奇蒙德经过对客户期望的深入分析，并结合其他行业的初创公司营业情况的比较研究，提出金融科技时代的全面到来将结束传统零售银行时代的观点。这对世界各地仍然迷恋于传统零售银行经营模式的银行而言是一个严重警告，它说明了日益明显的金融科技初创公司将取代老牌零售银行是一个不可改变的趋势。随着时代的进步，科技对生活的影响越来越大，科技公司冲击了传统零售业、媒体业、运输业和旅游业等行业的经营模式，并向传统的零售银行业务模式发起挑战。两位作者明确指出，老式银行将不复存在。同时，那些新兴金融科技公司不仅囊括了老式零售银行所有的业务，而且还会开发更简明、更高效并更能满足新时代客户需求的业务，从而取代老式零售银行。许多传统企业正在进行的转型和归核化经营趋势表明，这种新兴行业带来的冲击已经开始，并将愈演愈烈。

在《消失的银行》第一部分里，作者以当下著名的新兴金融科技公司为例，分析了目前各类公司的经营表现，解释了传统零售银行面临的挑战，讨论了零售银行未来的机遇。第二部分谈到的问题是"贝塔银行"。作者指出，传统金融机构的最佳解决方案是建立一个独立的实体——贝塔银行，并列出了该类银行应具有的特点。作者通过广泛的研究和对一些大银行高管的采访得出如下结论：传统银行需要重塑自己，通过建立类似贝塔银行的模式以适应未来，还提出了零售银行可以改善的 10 个方面，为老牌零售银行未来在金融行业中应当如何重塑自己提供了参考，为银行应对充满变数和冲击的未来指明了方向。

　　这本书，内容简洁明了，对金融服务的未来进行了大胆和及时的分析，它给零售银行业的管理层的告诫十分简单：要么适应变化，要么准备消亡。它准确而简明地捕捉了数字革命给银行业带来的颠覆性和破坏性的影响。总体来说，这是一本知识丰富、新颖有趣的书，强烈推荐给从事金融科技、零售银行和其他相关金融服务业的人，甚至任何一个对金融行业感兴趣的人。这本书的出版是一个很好的消息，它强有力的核心理念——伴随着新兴金融科技和"贝塔银行"概念的到来，一场空前的零售银行革命正在蓬勃开展。其思想很容易在其他行业中得到应用，对企业家和普通读者群体均富有价值。

张春子

2017 年 9 月 19 日

## 5 分钟概述

> 我们需要银行业，但我们不再需要银行。
>
> —— 比尔·盖茨（Bill Gates），1997 年

20 年前，比尔·盖茨就已经预测到银行在未来将不复存在，当时他还是微软的董事长。比尔·盖茨辞职后，把自己塑造成了一个全球健康倡导者和慈善家。预言过去了 20 年，银行仍旧存在。那么，我们最终是否会面临盖茨预言的境况呢？接下来的 20 年，我们果真能够见证银行的消亡吗？我相信这一切都会发生！在本书中，我会说明我们将如何一步步走到那样的境况。我尽量简单说明，用不了两个小时，你就会对本书有一个大概的了解。如果你手头真忙得不可开交，那就请看看这 5 分钟的简短概述吧。

近些年，新兴企业和管理者打破以往领域内的旧规则，通

过采用新技术、开发新产品，为生活中越来越被手机主导的客户开发并提供服务，他们给行业竞争带来了不可逆转的变化。

让我们来看看简·库姆（Jan Koum）的例子。简·库姆于 1976 年出生于乌克兰，后来跟随母亲和奶奶在 20 世纪 90 年代移居加利福尼亚，工作后先后就职于安永和雅虎。

2009 年，简·库姆开发了一款手机信息通信应用软件网络信使（WhatsApp）。2014 年 2 月，网络信使被刚刚成立 10 年的脸书（Facebook）以 190 亿美元收购。被收购时，网络信使已经在全球拥有 4.5 亿用户，比沃达丰（Vodafone）的用户还要多 700 万。合并之后，这两家公司用户发送的所有信息量甚至超过了全球的短信发送量，产业价值达到了 1 000 亿美元。这样的消费行为的转变，对网络运营商是一个沉重的打击。按照行业分析师欧文（Ovum）的说法①，网络信使被收购导致全球通信业的收入减少了 325 亿美元，给英国通信总局造成了 3 亿英镑的损失。②

网络信使的发展速度的确令人惊讶，但当你听到这家公

---

① http：//www. bloomberg. com/news/articles/2014-02-21/whatsapp-shows-how-phone-carries-lost-out-on-33-billion

② http：//stakeholders. ofcom. org. uk/binaries/research/cmr/cmr14/UK_5. pdf

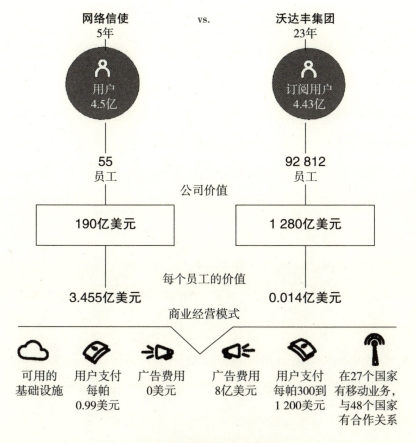

**网络信使和沃达丰的比较**

注：① 图中数据源自 2014 年 2 月 20 日网络信使被脸书收购时。

② 沃达丰的价值在 2014 年波动厉害，2014 年 1 月达到 1 290 亿美元的顶峰，
同年 10 月降到 830 亿美元的低谷。

③ 2015 年网络信使的活跃用户为 8 亿。

资料来源：Vodafone Group Annual Report 2014

http：//www. vodafone. com/content/annualreport/annual_report14/down-
loads/full_annual_report_2014. pdf

http：//ycharts. com/companies/VOD/market_cap

司是一个由 55 人组成的团队管理时，我想你会吃惊得连下巴都快掉下来。5 年之内，这个年轻的小团队竟然可与世界上最大的电信运营商相抗衡。

但在现实中，面对这种竞争威胁的不仅是电信运营商，媒体业、娱乐业、旅游业以及其他行业中的老牌企业都已经感到了这种压力。新兴技术型公司正在逐步瓦解这些老牌企业。比起传统企业，新兴技术型公司的运营更加灵活，团队规模更小，需要的物质基础设施也更少。并且它们的产品，从本质上来讲，仅仅是计算机代码。

虽然优步（Uber）、爱彼迎（AirBnB）、声破天（Spotify）以及嗡嗡喂（Buzzfeed）都已经变成了家喻户晓的名字，但仍然还有很多这样的公司，我们连名字都没有听过。风险投资（Venture Capital，简称 VC）公司托米克（Atomico）公司的调查表明，2003 年创办的 134 家软件公司估值已经达到了 10 亿美元。两家英国的金融服务初创公司明智转账（Transfer-Wise）和融资圈（FundingCircle），在近 5 年已经有了 10 亿美元的估值规模。这都表明，这些初创公司已经开始挑战零售银行业务模式，以及我们熟知的老品牌的地位。①

———————————

① http：//www. atomico. com/explore-d3

像其他行业的老品牌一样，银行已经很难跟上变化的节奏，因为它具有一定的规模，并且仍须赚得相当数额的利润。银行探索新型企业模式可能会被蚕食，或者与现有的企业模式形成竞争。但它们同时也发现自己对传统的产物无能为力、毫无建树，比如遗留下来的陈旧技术、程序和思维等。

银行业巨头面临进一步的挑战，要想跟上新兴初创公司灵活的变化步伐，首先合规的高昂代价就使它们望而却步。许多业内人士认为，这种管理模式保护它们免遭新兴技术型企业的威胁，但这种保护可能会慢慢消失。无论如何，政府一定会通过促进竞争改变现有的管理模式，以此鼓励初创公司的发展。

很明显，一场关于竞争和技术的猛烈风暴，一个关于消费行为的转变以及一个新的管理模式，将要冲击我们用金钱予以信赖的行业。在书中我会讲述这将如何发生。

本书首先概述各行业中老牌企业受到冲击的主要方面。其实最大的冲击是技术，因为新兴技术在性能和可用性上都是遥遥领先的。这反过来又进一步带动了其他两个因素：消费行为和市场竞争。消费行为随着无处不在的相互关联而改变，并且其途径的转换改变了我们打交道的方式。在市场竞争中，低成本地进入意味着将会有更多的竞争者。另外，生产和销售的低成本意味着，新兴竞争者可以快速实现规模化。

面对这样的变化形势，似乎没有一个行业是安全的，银行业更是如此。商业模式的每个方面都在被拆分，并且被一系列支持风险投资的科技公司所瞄准，科技公司将重点集中在客户体验上。

第二章以零售银行业务为例，列出了一个初创公司各方面的清单。下面是将涉足的业务：

## 日常银行业务

虽然有一些所谓的"层间玩手"（layer player）或"数字层"（digital skin）加入，比如西浦（Simple）和慕文（Moven）这样的手机移动银行逐渐兴起，并出现对其他银行的技术和牌照提出挑战，幸亏有银行的监管制度，日常业务至今是银行业中竞争最小的领域之一。然而，2013 年 3 月银行业监管和授权过程的变化，大大刺激了一些银行类公司希望提供活期账户的想法。在此，我以原子（Atom）手机银行、费多（Fidor）银行、古德（Good）银行、蒙多（Mondo）移动银行和斯塔林（Starling）银行这几家公司为例。它们想获得

新的银行牌照，并打算在未来一年内推出很低的杠杆成本收
入比，就像无分行银行运营模式提供的杠杆成本收入比一
样低。

## 贷款

P2P（互联网金融点对点借贷平台）贷款人，现在被越
来越多的人称为市场贷款人，最近几年吸收了很多资金。早
在 2005 年，议价区域（Zopa）公司就已率先在英国成立，
而且以中小企业为重点的融资领域，最近已经拥有超过 10
亿美元的产业价值。在美国，贷款俱乐部（Lending Club）
享有最高的知名度，2014 年艾珀德（IPO'd）公司的产业
价值就已接近 90 亿美元。另一种类型的贷款是定点销售信
贷，它已经推出了很长时间。定点销售信贷把带有即时折
扣的购物卡借贷给客户，刺激他们的购买欲，但利率很
高。新的公司正在想办法通过智能软件破坏这一点。例
如，声称保障购物的信用决策，应当建立在社交媒体数据
和传统的信用分数之上。瑞典的一位业内人士克拉尔纳
（Klarna）声称，公司运行 10 年以来，客户数量已经达到
3 500 万。

## 储蓄和投资

数字（Digit）公司和橡子（Acorns）公司是美国的两家创新型公司，它们通过储蓄账户自动存款的服务，帮助人们达到储蓄的目的。数字公司通过对消费行为进行分析实现自己的目标，而橡子公司的方法是跟踪关联账户的借记卡或信用卡的消费动态，关联账户会自动将消费金额凑成整数，将消费后剩余的零钱用以投资。① 数字公司目前对其储蓄账户不提供存款利息（但也有可能是它现在没有被授权这样操作），而橡子公司提供了一个投资账户。其他初创公司如英国的那美格（Nutmeg）、贝特蒙特（Betterment）以及美国的财富前沿（Wealthfront）也将重点放在了投资方面。准入门槛的降低对于投资者来说，有了更透明的价格、简洁的线上投资平台，以及由数字化运营模式提供的管理工具。比起传统的金融管理模式，这些初创公司希望通过以上做法可以更好地回报自己的客户。

---

① 例：一杯咖啡3.5美元，橡子账户会自动将扣款整合成整数，此时为4美元，剩下的0.5美元将会进入橡子账户，用以投资。——编辑注

# 支付

支付市场是一个竞争激烈的领域，尤其是围绕数字钱包和P2P支付领域。贝宝（PayPal）公司大大简化了在线支付的程序，并已成功推出了易趣（eBay）平台。由此来看，贝宝毫无疑问是紧紧跟随创新步伐的。让许多高科技巨头畏惧的是，苹果公司已经推出了苹果支付（Apple Pay），其目的也是做在线支付，只不过需要用苹果手机或最近发布的苹果手表进行店内付款。在P2P领域，像文莫（Venmo）这样的公司对30岁以下的年轻人是极具吸引力的，这个年龄段是手机迷，对银行并没有多大需求。

## 国际汇款

海外转账一直都是又贵又慢的。像明智转账这样的公司，在最近的一轮融资中达到10亿美元的企业估值，它正在实现转移资金过程中价格低廉的目标，欲提高转移速度，并将其标准化。它们通过自己的系统，"巧妙"地聚揽资金，并对资金的流向进行重新定位。在没有现金跨国流动的情况下，实现海外转账。阿尼莫（Azimo）和沃德敏特（WorldRemit）是两家非常相似的初创公司，总部都在英国。沃德敏特表示，同之前传统的转账服务相比，其 90% 的海外转账都是即时到账的。

## 资金管理

通过把客户所有的财务数据收集到一个独立的网站或应用上，个人财务管理（Personal Finance Management，简称 PFM）公司用这样的方法帮助消费者管理资金。总部位于美国的名特（Mint）公司是最早创立的该类公司之一，它成立于 2006 年，2009 年被软件公司财捷（Intuit）以 1.7 亿美元的价格收购。标准财富（LevelMoney）公司成立于 2012 年，主要针对需要偿还助学贷款的千禧一代客户，它现在也打算开设储蓄业务。

## 资金

最后，还有货币本身的损坏。比特币（Bitcoin）等虚拟货币的崛起，建立了一个被称为区块链（Blockchain）的加密系统，它可以从根本上改变金融交易方式。区块链背后的"加密"意味着，事务可以无须在受信任的第三方那里进行验证——银行在这其中发挥了巨大作用。虽然这些技术目前处于起步阶段，但奠定了变革的基础，就如互联网的变革一样具有深远意义。

第三章，在对进入银行业的初创者及其对现有银行业模式冲击的具体方面进行全面介绍之后，我提出了我认为已经在顺利进行的 3 个阶段。首先以电信部门为例，看看电信业的传统企业如何受到挑战，再把这个例子应用到银行业中。这 3 个阶段的发展揭示了，在软件公司及新技术的冲击下，老牌企业正面临着慢慢被取代，数量减少，直至解体的境况。

**被取代**——老牌企业正在被提供卓越客户体验以及低廉价格的初创公司所取代。就初创公司脱离传统技术和成本来看，它们享有一定的优势，而且其团队的灵活性更加接近目标客户的需求。

**减少**——传统的商业模式会受到排挤，并且它们以更高的开关频率在市场中退居为公共事业。我认为，这将会体现在支付服务的修订指令（Revised Directive For Payment Service，简称 PSD2）上，修订指令会要求银行提供开放的应用程序接口（Application Programming Interface，简称 API）。

**解体**——新科技对于老牌企业来说是一个大挑战。伴随区块链的到来，很多人还没有完全理解创新，不过他们以后很可能会运用新科技。

　　银行里有很多非常聪明的人，他们已经清晰地意识到将要面临的变化。如果我们忽视了这个事实，那就太天真了。为了保证均衡的视角，我通过面对面的采访、调查以及一系列的圆桌晚餐，与多位资深银行高管进行了交谈。然后通过收集的见解做进一步的探索，以此挑战并印证我们的立场。你会发现，在整本书中贯穿他们的看法：关于科技初创公司的影响，行业内企业背负的居间成本，客户对初创公司信任问题的争论，以及创新路上的阻碍等问题。比如，你怎么能指望拥有损益（Profit and Loss）表所有权的总经理破坏他自己的业务板块？在谈话中，话题有不同的焦点，如人群、文化和科技。但总的来说，还是有一个贯穿始终的主题，这将在第四章着重讨论。

　　最后一章，简单介绍了银行已经推行的各种抉择：数字化转型、服务和产品创新、与初创公司合作或投资初创公司等。我们相信这些抉择能带来一些变化，并极力在访谈中强调对公司构成挑战的三个方面：人群、文化和科技产生的影响。考虑到这一点，我给出了我的答案——建立贝塔银行（Beta Bank）。

贝塔银行有独立管理层和总部的独立组织，给自身提供了彻底反思的机会。同时，为银行高管提供了一个可供参考的10步运营模式。我认为这个模式为银行设计运营方案和服务模式提供了较好的学习机会，尤其对紧跟未来变化步伐而不是一味适应百年不变的老旧商业运营模式的银行来说尤为重要。

这是我们观点的总结，你会在接下来的章节中看到更多的细节。未来变化的规模不容小觑，它已经不能被银行管理者所忽视。欧洲数字议程委员会（European Commission's Digital Agenda）负责人尼利·克罗斯（Neelie Kroes）于2014年在达沃斯论坛上讲道："我遇到的银行总裁告诉我，他们的商业模式即将被毁灭。未来是虚拟银行的世界，其主要竞争对手是高科技公司，而不是其他银行。"

在达沃斯论坛一年以后，英格兰银行（Bank of England）行长马克·卡尼（Mark Carney）说，银行部门是优步类公司的袭击目标，这样的大趋势已经呼之欲出。

一股不可抵抗的力量正在推动这一变革，这只是一个时间问题。如果不考虑时间，银行将会被彻底改变。

目录

第一章

毁灭性力量：
改变和推动

1871 年，芬兰采矿工程师弗雷德里克·艾德斯坦（Fredrik Idestam），在芬兰西南部拥有两家造纸厂。他决定为新公司取一个名字——诺基亚，把它设在离一家造纸厂不远的地方。大约一个世纪以后，1967 年艾德斯坦的诺基亚已经与其他一些公司合并了。这其中有成立于 1898 年的芬兰橡胶工厂、成立于 1912 年的电缆公司。新的诺基亚具有五项核心产业：橡胶、电缆、林业、电子工业和发电业。

几年后，诺基亚在 1989 年生产出第一部手机，开始向电信业转行。到 1998 年，诺基亚已经成为世界上最大的手机生产商，营业额达到 310 亿欧元。在这短短 9 年里，诺基亚从市场参与者升级为市场主导者。然而，接下来 9 年里的一个事件，不可逆转地削弱了诺基亚的市场主导地位。在诺基亚无法生产与智能手机一样有相似消费者吸引力的手机的同时，2007 年推出的苹果手机彻底打乱了它的步伐。诺基亚在功能手机——缺乏智能手机所有先进功能的低端手机——领域占主导地位，这就意味着在 2012 年之前，诺基亚是世界上最大的手机制造商，但衰落已经开始。2013 年 9 月，在经历了第二季度 1.15 亿欧元的亏损后，诺基亚把它的移动电话业务以 70 亿美元的价格卖给了微软公司。而在 1998 年，这 70 亿美元只是其营业额的一小部分，所以它当时的市场价值有多高，也可想而知了。

打倒诺基亚以及其他一些企业的，是一种被称为"创造性毁灭"（creative destruction）的力量。实际上，这并不是一个新概念，之前卡尔·马克思（Karl Marx）就提出过。从本质上来说，创造性毁灭意味着经济形势经常经历变革，比如经济结构和经济体制中的企业。它们都在新的程序、市场以及发展中实现自我的重塑。诺基亚轻而易举地在众多的商业模式中实现成功转变，很多公司也都与这些转变互相抗争着。但对诺基亚来说，向智能手机的转变只要一次就够了。

此外，创造性毁灭的速度不断加快，带来的结果是企业的生命周期变得越来越短。耶鲁大学教授理查德·福斯特（Richard Foster）的研究表示，1958 年标准普尔 500 指数名单上企业的平均寿命为 61 年，到 1980 年降到 25 年，2012 甚至降到了 18 年。①

2012 年，贝恩（Bain）咨询公司的合伙人克里斯·祖克（Chris Zook）说："企业如今以如此快的速度失去它们的主导地位，这是我以前从未见过的。在前 20 名的银行名单里，10 年前我见过的银行现在只有 7 家。航空业、电信业以及其他行业的变化都是一样的。"②

我认为有三股重要且相互关联的力量正将变化的节奏推得越来越快，即科技、消费行为的转变以及日益激烈的竞争。在这一章中，我将会对这些力量做具体的阐述，并列举它们产生影响的例子。

## 改变的力量

这三股改变的力量中，先进的科技是最主要的，因为它同时也推动着其他两股力量。现在，一种全新、强有力的科技已经到来，并以更低的成本在快速发展。科技"永远开机，永不断线"的特征促使消费行为的改变和部门竞争格局的转

---

① http：//www. innosight. com/innovation-resources/strategy-innovation/creative-destruction-whips-through-corporate-america. cfm

② https：//hbr. org/2012/06/when-creative-destruction-dest

型，就如医疗保健行业和零售业的转变一样。

第一台可编程的个人计算机——奥利维蒂程序（Olivetti's Programma）101，以3 200美元的价格于 1965 年面市。直到 20 世纪 90 年代初，个人计算机才被普通家庭所使用。到了 2014 年 9 月，苹果手机发布，一部苹果手机所包含的晶体管比 1995 年英特尔奔腾精装个人计算机具有的晶体管要多 625 倍，而售价仅仅为当年的 1/4。最新的苹果手机发布时，苹果公司售出的中央处理器晶体管数量比 1995 年全年个人计算机售出的所有中央处理器晶体管数量多 5 倍。

20 世纪 90 年代初，互联网把所有这些设备与全世界的信息连接在一起，最终以每秒 64 千比特的速度传到英国家庭中。那时用过的人一定会记得，他们是如何等待拨号入网、等待网页加载、文字和图片如何慢慢地浮现在屏幕上。到了今天，现代的英国家庭已经有足够快的互联网速度去加载线上视频，而这就要求上网速度达到每秒 8 ~ 10 兆比特。当你了解每兆等于 1 000 千比特时，你就可以理解在这 20 年，互联网的速度增长得多快。现在家庭可用的网络连接速度最快可达到每秒 150 兆比特。

与此同时，移动宽带速度也在稳步增长。2G 互联网速度（约每秒 237 千比特）把移动互联网带到主流用户面前。不久后，英国的 2G 运行速度增快到每秒 6.1 兆比特，从而达到 3G 的运行速度。直到最近它又提升到每秒 15 兆比特，以 4G 速度席卷了全国。

改变的不仅是消费科技和连接速度，还有提供服务和应用的工具。开放源码科技的到来，让强大的软件应用对每一个人来说都触手可及。20 世纪 90 年代后期，开放源码在有关成本的很多方面都产生了巨大影响。首先，也是最明显的，软件授权费用的降低大大降低了开发成本。其次，开放源码集体工作的固有稳定性，对企业来说没有必要为自己的每一个特色应用都去设计和生产代码，也就是商品的功能性可以被很快整合起来。有了可用的用户登录模式，通过一个应用程序接口，强大的搜索引擎技术就可以轻松地将其整合起来。应用程序接口是一个利用光学文字识别，通过对上传文件进行简易扫描的图书馆，未来在架下也可以使用。

云科技是随亚马逊（Amazon）2006 年发起"弹性计算云"时流行起来的一个术语。"平台即服务"（Platform-as-a-Service）和"基础设施即服务"（Infrastructure-as-a-Service）对成本有进一步的影响，促使公司快速采用云科技令成本运作高效化。这些服务为运营公司提供了重要条件，但只是在公司真正需要的时候。比如，与其预测你会在什么时候需要一个新的服务器，对它进行命令、设定和开启，公司不如从云提供商那里租赁更多的服务器容量。同样地，每个企业会提前设计并且编码好强大的容量，记录和负载平衡科技，而后作为公司包装服务的一部分被租赁出去，就像赫若克（Heroku）和亚马逊网站服务一样。现在不仅租赁模式很受欢迎，连租赁的成本也在大幅下降。

马克·安德森（Marc Andreessen）是第一个互联网浏览器的生产公司美国网景（Netscape）的合伙创始人，现在是硅谷风投（Silicon Valley VC）的主要合作伙伴。风投公司创始人安德森·霍洛维茨（Andreessen Horowitz）说道："2000年，我的搭档本·霍洛维茨（Ben Horowitz）曾是第一个云计算公司响云（Loudcloud）的总裁，这家公司针对一个客户运营一个基本的互联网应用的造价大约是15万美元每个月。但目前在亚马逊云公司运行同样的应用的成本只要1 500美元每个月。"

更低的初创成本、廉价资本可用性的提高（集资服务渐渐增多）、全球用户对低价媒体的接触，这些都促使了谷歌公司和苹果应用商店（App Store）合并，目的是给新兴公司即软件公司的出现提供机会。这些公司即使没有主导的基础设施或大量员工，也可以与老牌企业较量。

"软件，正在吞食整个世界。"安德森强调说。下面的表格给出了几家挑战公司的例子。

**初创挑战者**

| 初创公司 | 挑战行业 | 挑战过程 |
|---|---|---|
| 优步 | 传统出租车行业 | 优步公司没有自己的车；它单纯地用一个创新软件去联系有空的司机和需要坐车的乘客 |
| 爱比迎 | 宾馆业 | 爱比迎是世界上最大的旅馆品牌。它是一个把有空闲房间的人和找房的人联系在一起的平台，并从交易中获利。交易在自身没有房屋的情况下完成 |
| 网络信使 | 电信业/短信服务 | 网络信使提供了更便宜、更有特色、平台交叉的多媒体短信服务体验 |
| 网络电话（Skype） | 电信业/国际漫游 | 网络电话为人们提供了全球范围内的免费视频通话 |
| 声破天 | 传统音乐行业 | 声破天提供流媒体音乐服务平台满足月租式（或仅是一张 CD 的价格）的在线音乐需求 |
| 网飞（Netflix） | 电影租赁商店和有线电视服务 | 网飞提供的平台可以通过互联网观看最新的电影和电视连续剧，同时也有付少量金额就可以观看独家视频的服务，而不像有线网络和租赁商店那样运营 |

科技的先进和交流的方便，以及一些初创公司，在近20 年正在对消费行为产生巨大的影响。1995 年，根据世界银行（World Bank）的数据，只有 2% 的英国人是线上的。

到了 1999 年，线上的英国人超过了 20%。而 2013 年的英国
互联网普及率达到了 89.8%。移动电话的使用增长更快。
根据英国通信管理局（Ofcom）报道称，2014 年第一季度之
前，英国 93% 的成年人有自己的移动电话，61% 的人有智
能手机，这些都使强大的计算机触手可及，并且通过它获取
世界信息。①

　　在你能想到的所有行业和部门中，都有这样的科技应用。
商业街被拆除，很多之前的大品牌，比如沃尔沃斯（Wool-
worths）和彗星（Comet）公司都已经消失。在这样的形势
下，线上提供了多样的选择和低廉的价格。

　　互联网也使消费者更加容易了解市场情况。消费者的评
论可以作为购买的依据。评论的产品涵盖了水壶、电视、汽
车和度假消费，等等。因此，互联网打破了限制，使从其他
国家订购商品变得容易。

　　消费行为的改变已迫使公司改变经营模式。在前互联网
时代，客户的选择很简单，他们只能邮购、去商场购物或从
上门来的销售人员那里购买。这些不同的购物方式价格都很
高，而且门槛不低。有了互联网之后，任何企业都可以以非

① http：//data. worldbank. org/indicator/IT. NET. USER. P2？page =3

常低的成本在网上竞争，这就使它们之间的竞争变得非常激烈，而亚马逊更是如此。

亚马逊唤醒了其他一些线上销售公司。比如艾索思（As Seen On Screen，简称 ASOS），它是 2000 年成立的公司，2013 年已经有 7.53 亿英镑的收益。从旅游业里的艾派迪（Expedia）公司到白手起家的斯科鲁费克斯（Screwfix）公司，线上零售商已经重塑了无数的纵向市场格局。

客户使用智能手机的时候，他们也开始用它来网购。除了浏览网页，智能手机能做的事情还有很多。当你为自己的手机下载移动应用的时候，这时手机已不仅仅是个人通信工具了，而是一个媒体储存设备，它集迷你照相机、健身追踪器、导航小助手、活动工具包、游戏机，以及其他功能为一体。很多软件公司提供的应用正在一步步挑战知名的老牌企业。

事实上，智能手机的影响还没有完全被大众认识。根据国际电信联盟（International Telecommunications Union）的说法，从现在到 2020 年这段时间里，将会有近 10 亿人进入网络，其中很大一部分人是用智能手机上网的。这就意味着世界上有 80% 的成年人将会使用这些强有力的连接设备。

## 在客户体验方面的竞争

初创公司通过改善客户体验与老牌企业竞争。

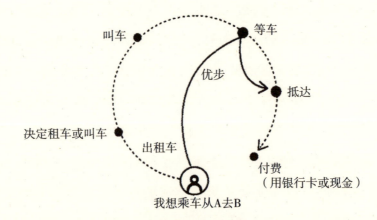

**优步和传统出租车对比**

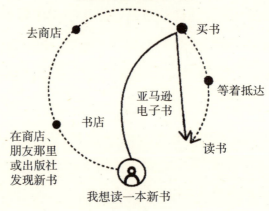

**亚马逊和书店对比**

连接、科技和软件之间形成的大三角，已经使像优步这样的服务达到顶峰。优步正在打破全世界的出租车行业。尽管优步是全世界最大的出租车公司，但它自己却没有一辆出租车。优步，或像它一样的服务型公司快速发展的原因是：它们没有将大量资金花在企业的日常管理上（办公室成员或调遣），而是高效利用司机的时间，不把大量时间浪费在寻找乘客上，而是为乘客提供高效优质的服务。优步不需要开发自己的支付方式或导航科技，因为苹果应用商店在很大程度上关注的正是城市的分布和市场。优步的成功完全是靠之前提到的那三股力量。

但优步并不特殊，它只是众多软件公司中的一个例子。银行业中的初创公司有很多，而且它们正在挑战行业中的不同业务部门。那么，它们中会有银行业中的"优步"吗？

第二章

## 分拆银行：
## 紧随其后的初创公司和
## 精巧的营业模式

银行在近几年的发展中经历了一系列较大的变动，但缺少创造性。10 年前在美国前 20 名的银行榜单中，如今还存在的只有 7 家。逐渐攀升的这一领域的实力公司的营业额已经在影响着银行业，并且不断带来新的业内变动。消费行为的转变和新兴竞争者的到来也推动着这次变动的进行。

> 　　近几年来，移动电话的出现彻底改变了人们的行为方式。 银行应用的下载量达到了近 1 500 万次，其中的日登录量达到了 700 万次。 银行应用的发展已经遥遥领先，其他业务部门的发展同期下降 30%。
>
> 　　　　　　　　　　　　—— 一位匿名的银行高管

　　为了满足消费者的要求，银行各部门从业者已经开始努力向数字化转型。①

尽管互联网一直影响着各部门的销售和分配，但是零售银行模式最近才开始利用这个机会。

> 在一些地方你可以申请信用卡或者线上存款，但这个过程还是比较麻烦的。 你也可以考虑申请抵押贷款，因为这样可以上网完成大部分的手续，从而代替在电话上与贷款顾问花好几个小时完成整个申请的艰难过程。
>
> —— 一位匿名的银行高管

只要客户登录，大多数银行都会为其提供这样的客户体验。它与 Web of 2000 差别不大，可以在线浏览并打印报表。基本的功能是，银行结算单的搜索功能或者选择以时间或存款额分类办理业务，这些服务在很多银行网站上都有。银行移动应用现在在升级，但都遇到了同样的问题——缺乏实用

---

① 不能及时应对消费者的需求变化，在我们的调查中被视为是一个突出的挑战。也许是因为他们没有尽最大努力与终端客户联系。有 61% 的调查者认为零售银行不会在这方面做出改进。Adaptive Lab/Research Now banking industry quantitative research study-Jan 2015.

性，所以只提供比网站少的服务。很多银行移动应用只支持给支付列表上的联系人转账。

然而，每个功能的限制，客户实践中的阻碍，对任何一家初创公司来说都是机会。

一些初创公司打算开发一个全新的电子银行，很多初创公司正在放弃传统的银行经营模式。

> **我们认为将要发生的事情，是传统的经营模式将会解体，银行不会永远对这种模式有所控制。面对银行的挑战者，你要拿出相应的模式去应对。**
>
> **——安妮·博登（Anne Boden），斯塔林银行总裁**

数字化冲击很多领域，主要是使其解体，对于银行业更是如此。银行充分利用账目关系提供存款服务，通过透支额提供贷款、信用卡等服务。但是，任何一项服务实际上都是由独立的团队提供相应的业务、技术和经验的，当然，还有传统模式的东西。由于复杂、僵硬的科技设施，银行一直和几十年的传统模式做斗争，过去的产品通过不同途径被送到了不同区域里的不同客户群体手中。

> 各种各样的系统和程序在多种层次中联合起来。 你可以想象这样的场景，现在你已经有了非常多的客户，而你又有了多种联系途径，之后你又有了很多的产品……然后，你要在它们之间搭建很多层次，把它们连接在一起，这是相当困难的。 首先你要做的是确定跟上变化的脚步，然后你要努力思考，如何给客户一次好的客户体验。
>
> —— 安妮·博登，斯塔林银行总裁

相反地，很多初创公司只关注银行模式这一方面，正是因为这种单方面的考虑，脱离了传统的束缚，它们才能为客户提供更好的客户体验。

正如人们想的，初创公司鉴于自身参与的市场规模，正在改变目前的状况。它们从商业冒险资本家那里吸收更多的资金，把它们投入理财或金融科技部门中去。CB 透视（CB Insights）报道称，从 2008 年到 2014 年，全球在金融科技上的投资已经从 10 亿美元上升到了 120 亿美元。尽管投资者的利润在上升，但从我们的调查来看，银行业对这些初创公司的认识却不如我们期待得那么到位，见下页表。

## 银行高管对初创公司的认识

有关初创公司，我们向110位银行高管进行了咨询，

他们从主任到最高管理者。

| 初创公司 | 我了解公司和它的工作内容 | 我了解公司但不知道它的工作内容 | 我从未听过 |
|---|---|---|---|
| 纳美格 | 23% | 35% | 43% |
| 贝特蒙特 | 8% | 19% | 73% |
| 斯威尔（Square） | 15% | 27% | 57% |
| 文莫 | 6% | 15% | 78% |
| 亚马逊 | 6% | 26% | 67% |
| 明智转账 | 15% | 35% | 51% |
| 贷款俱乐部 | 18% | 36% | 45% |
| 瑞特赛特 | 17% | 26% | 56% |
| 贝宝 | 92% | 8% | 0% |

资料来源：Adaptive Lab/Research Now banking industry quantitative research study-Jan 2015

那么，这些初创公司有哪些？它们正在做什么？在接下来的部分我会重点介绍几家初创公司，看看它们经营模式的

各个方面，包括贷款、存款、理财、支付、全球货币转移、金融管理等业务。

## 日常银行业务

人们财务生活的中心在于当前的账户。人们的工资会被打进账户，再从账户中提取日常所需的资金。

传统操作是通过一个分支网络进行，而互联网的到来为线上服务提供了机会，同时互联网银行也意识到，这样做可以节省成本。

开通网上银行并不是新想法。20 世纪 90 年代末已经推出了好几家互联网银行，如合作银行（Cooperative Bank）的微笑（Smile）银行和汇丰银行（HongKong and Shanghai Banking Corporation Limited，简称 HSBC）的第一直通（First Direct），这两家银行都从电话银行逐步发展成了网上银行。

自 20 世纪 90 年代，银行业发生了很多变化，随着互联网转型影响的进一步扩大，客户对网上操作越来越熟悉，加上由苹果、谷歌和脸书这样的公司为客户提供服务支持，现在正是数字化挑战者大显身手的时候，并取替那些早期的电子银行模式。

时机已经到来，对于那些瞄准银行业的初创公司来说，挑战之一便是监管障碍。有些公司通过创造"层间玩手"或"数字层"帮助它们解决这个问题。它们提供现代的客户体验和构思，还有优于其他银行的核心银行系统和执照。

西浦在 2012 年创立于美国，这家公司是采用上述方法的一个典型。在创立之初，它的数字化经验得到了极大的肯定。据报道称，在它还处于内测阶段，体验只限邀请的时候，人们就已经在网上排队了。

它们的网页看上去很像高科技公司的网页，用以推广展示它们的账号特色，后台的支持团队用图片增强服务客户的质量。

新兴银行提供的特色服务包括智能预算工具，这是传统银行少有的。安全支付（Safe-to-Spend）就是一个很好的例子。相比传统的账号，它的优势在于考虑了未来的支付和其他常规活动。因此，客户在计算当前账户里的可用资金数额时，就没有必要亲自计算。

另外一个特点，就是它提供了存款目标。从表面上看，它像是个人财务管理里的典型功能，但就西浦来说，一旦考虑到安全支付里的金额数量，就会自动朝这个目标将资金累加起来。

比起传统银行界面上的搜索功能，这些初创公司的搜索功能更为强大，它们甚至提供了消费的搜索服务。西浦支持客户搜索"工作日午餐"或"在波特兰就餐人数超过30人的晚餐地点"等信息，这就比钻研难读的交易手册或下载PDF（便携式文件格式，Portable Document Format，简称PDF）或CSV（逗号分隔值，Comma Separated Value，简称CSV）文件手动查询要方便得多。

西浦创立的时候曾掀起了一阵潮流，像慕文这样有相似主张的公司也创立了。可它们没有明显改变市场的形态。然而，英国最近的一次监管变化，使这样的情形不会持久。

2013年3月，英国金融服务管理局（Financial Service Authority，简称FSA）针对如何减少进入市场的阻碍做了一项审查。根据审查，2013年4月，审慎监管局（Prudential Regulation Authority，简称PRA）和金融市场行为监管局（Financial Conduct Authority，简称FCA）替代了英国金融服务管理局，对银行日常业务进行变革，简化公司申请银行执照的授权过程。改革的预期效果达到了，2014年就有29家公司申请银行执照，并且2015年和2016年，一些初创公司已经在英国创立，有些公司的主张集中在数字化方面。①

其中的一个初创银行是由安东尼·汤姆森（Anthony Thomson）创立的数字银行原子公司。安东尼·汤姆森之前还创立了首都银行（Metro Bank），后来由马克·马伦（Mark Mullen）经营。马伦是英国初创银行第一直通的前总裁。

公司将建于达拉谟，根据汤姆森的数据，充分利用精简的数字运营模式，公司将会为客户提供比其竞争对手更好的存款和贷款利率。②

保罗·拉马克夫特（Paul Lamacraft）是伍德福德投资管理（Woodford Investment Management）公司的基金经理，也是原子公司的投资者之一。他在《卫报》（*Guardian*）上说道："如果没有分行网络、外在的基础设施和其他的一些传统问题，原子公司的运营成本将会比竞争者低得多。"③

其他的英国数字银行初创公司有斯塔林银行、蒙多银行

---

① http：//www. thsismoney. co. uk/money/saving/article-2606119/FCA-reveals-29-firms-lodged-banking-licence-applications. html

② http：//www. thsismoney. co. uk/money/saving/article-2906596/Atom-Bank-founder-promises-competitive-savings-rates-current-accounts-opens-virtual-doors-later-year. html

③ http：//www. theguardian. com/business/2014/dec/04/neil-woodford-fund-manager-invests-online-only-internet-bank-atom

和古德银行。斯塔林银行由爱尔兰联合银行（Allied Irish Banks）之前的首席运营官安妮·博登创立的。蒙多银行是汤姆·布罗姆菲尔德（Tom Blomfield）创立的。汤姆·布罗姆菲尔德之前和贾森·贝茨（Jason Bates）一起创立了支付初创公司 GoCardless，并且野心勃勃地计划要创立一个"全栈银行"（full stack bank），他们白手起家，筑造自己的基础设施，并相信这才是给客户提供实时体验的关键所在。古德银行是由一位资深的金融科技企业家创立的。里奇·诺克斯（Ricky Knox）之前创立了小小世界（Small World）金融服务，这是一项成功的资金转移业务。之后又创立了另外一个资金转移的初创公司——阿西莫（Azimo）。

在写本书的时候，原子银行、古德银行、蒙多银行和斯塔林银行都没有给出关于即将提供服务的说明，只是移动手机业务将成为主要着力点，并且很可能从金融服务产品的角度（或者通过合作的方式）去开拓一整套服务体系，即使这些服务没有提供的必要。现在还不知道这些初创公司是否会提供像西浦那样的功能，但可以预测，这些在以后都会实现。其他数字银行的初创公司提供的特色服务更是显而易见。

费多是一家德国银行，于 2007 年创立。刚开始它只在德国经营，后来发展到了俄罗斯，如果被许可在网上支付的权利，它计划今年在英国发展。

费多提供多元货币数字钱包的服务，刺激了消费者在脸书上为了提高存款利率而点赞，同时有偿回报客户在服务疑问方面的帮助，因此，它在客服方面采取了先进的方法。

它同时提供开放的应用程序接口。这种方法把银行看作像脸书、推特（Twitter）这样的公司，通过提供自己的数据和服务，使第三方公司在它们的平台上创建应用，给客户提供更好的服务去满足其需求，同时也可以带动收入。现在讲费多的应用程序接口项目如何运营也许还太早，但是这种思路体现出，它们正计划使用一种与传统银行不同的方法。可在我们的调查中，只有35%的资深银行高管认为应用程序接口的使用是一个好主意。①

费多提供的另一个服务也体现了它的创新性。通过与德国比特币公司的合作，它得以支持客户进行比特币即时交易，因而解决了之前客户交易时经常遇到的延迟问题。它的这种开发方法与加密货币业务的合作关系进一步说明了，它是与瑞波（Ripple）合作的第一家银行。瑞波是在概念上与区块

① Adaptive Lab / Research Now banking industry quantitative research study-Jan 2015

链相似的支付网络，它支持费多公司的客户实现无手续费的全球转账。

尽管有费多公司与其他数字挑战公司提供创新的特色服务，但是占据一定市场规模并建立可行的经营模式仍不容易。利克特（Leaked）数据显示①，西浦已经努力争取到了客户，这可能就是它收购康百士银行（BBVA Compass）的原因。同样地，慕文最近与埃森哲（Accenture）咨询公司合作，宣称它的技术将会通过顾问公司售出，这也许暗示着它已经在努力实现商对客（Business-to-Customer，简称 B2C）模式的发展。②

我们目前还没有看到数字挑战者有显著的发展，原因之一可能是明显的收益还没有超过较多的挑战成本。

> **很多人并没有改变银行账户，因为他们努力在确定可能遇到的困难。 如果转换账户很麻烦，而且目前没有要**

---

① http：//qz. com/213192/banking-startup-simple-seems-to-be-struggling-to-sign-up-active-users/

② https：//newsroom. accenture. com/industries/banking/accenture-and-moven-join-forces-to-transform-digital-banking-solutions. htm

解决的问题，那么要承担的风险和付出的努力全都是没有
必要的。

——汤姆·霍普金斯（Tom Hopkins），益百利（Experian）
公司客户服务部产品创新总监

客户选择把钱存入初创公司里的重要原因很可能是信任，
这是我们与资深银行高管在访谈中经常出现的焦点之一。

客户的信任不是一夜之间形成的，这要花很多年的时
间。除非这些新兴银行能够证明它们可以长期经营，不
然作为一个客户，我会对自己工资的存储方式谨慎选择。

——阿里桑德罗·哈塔米（Alessandro Hatami），
莱斯（Lloyds）银行前主管

以上所提到的很多公司都瞄准千禧一代，或者范围更广，
包括那些有千禧一代观念的人。这个群体已经开户，可问题
是他们认为当前的开户行是否足够好呢？或者他们是否准备
换一家呢？

当与千禧一代交谈时，会发现他们的开户行与其父母一

样。这就充分说明了，引起那些率先进入市场的人的兴趣有
多么重要。在英国，有两家初创公司以这些年轻的一代为目
标客户，它们是厄斯珀（Osper）和购亨利（GoHenry）。这两
家都属于"层间玩手"。它们为孩子们提供借记卡预付功能，
同时支持家长参与管理，以此吸引家长来主导市场。

　　抛开客户目标，这些初创公司还有什么不同之处呢？
鉴于主要从业者都在努力改进，那么，仅仅拥有不错的数
字体验还远远不够，它们还得有实际意义上新颖的创业
主张。

> 　　我认为这些初创公司需要提供非常独特的客户协议和
> 客户体验。 模仿现有银行的经营模式显然是行不通的。
> 客户如果看不到市场上显著的不同，他们是不会改变服务
> 银行的。 想要吸引客户，初创公司还是得拿出一些独特
> 的东西出来。
>
> 　　　　　　　　—— 安妮·博登，斯塔林银行总裁

　　此外，抛开自身主张不说，在我们访谈中经常出现的一
个非常重要的问题，是这些初创银行要实现一定的规模，就

像传统的零售银行业务模式运行要求的那样。

> 如果它们能快速实现大规模，那么，在消耗资金和提高竞争力之前，它们还有机会。但很明显，它们没有这样的规模，因为它们的日常管理费用比较低。但是，如果为了增强竞争力，它们一定要实现一定的规模。我不知道这是否与科技有关，但我感觉这更像是一个市场游戏。它们是否能够很快地找到自己的客户，从而尽快取得存款？它们是否可以足够谨慎地再次利用资金？若有足够高的回报，它们能达到从前转折点时的速度并实现真正的发展吗？
>
> —— 一位匿名的银行高管

当然了，他们认为初创公司将会采用相同的经营模式。尽管银行业的规模还未被证实，但有了相关的数据和机会，也许可以找到其他的收入来源，这样，与受访者交谈的时候也有了共同话题。

> 银行等金融机构现在认识到客户那里有大量的信息，通过与银行交易可以生成相关数据到数据库中去。这样的信息

> 是很有价值的，它可以建立一种恰当的关系，目前银行与客户之间的关系如果太过紧密，银行反倒不会从中受益。
>
> —— 一位匿名的银行高管

这样对初创公司的分类也许会给市场带来一些必要的竞争。我们的意见是，如果想要成功，初创公司关注的客户群，不能只是千禧一代，这样才是一个实际意义上独特的主张。提供完美的客户体验，善于获得客户，这样才能快速建立与客户之间的信任，并慢慢形成一种精益化智能化的运营模式。

## 贷款

> 银行在 2014 年赚了 1 500 亿美元，我们估计还要多110 亿，或者还有7%的年利润，这些在之后 5 年信贷的新收入来源上都存在风险。
>
> —— 高盛数据研究（Goldman Sachs Research）①

---

① http://www.bloomberg.com/news/articles/2015-03-04/shadow-banks-could-take-11-billion-annual-profit-goldman-says

贷款，无论是通过透支、抵押还是办信用卡，都是银行在财务收入方面的主要来源。为此，初创者也将贷款认为是赚取可观利益的主要方面。

P2P 是近几年飞速发展的选择性贷款模式之一。它不像银行向个人提供贷款那样，贷款资金并不是由银行提供。正如它的名字，贷款资金是由其他的个人提供的。因此，P2P 扮演的角色是造市者，通过把不同的个人联系起来促使贷款交易成功。

> 我认为现在的 P2P 在未来还是会有发展的。它不会取代银行贷款，但毫无疑问它有很大的商机。
>
> —— 阿里桑德罗·哈塔米，莱斯银行前主管

英国的议价区域公司是第一家 P2P 公司，创立于 2005 年。普罗斯珀（Prosper）和贷款俱乐部是第一批创立于美国的 P2P 公司，分别创立于 2006 年和 2007 年，之后掀起了初创公司的创立热潮。

一开始，在美国的投资者并没有很好的表现，普罗斯珀拖欠了 40% 的贷款，贷款俱乐部拖欠了 24% 的贷款。但之后它们的业绩大大提升，这很大程度上依赖信贷风险的分析。

信贷风险的分析现在被它们视为核心竞争力之一。

这些公司的发展速度很快，2013 年 12 月贷款俱乐部的新股首发估值已经达到了 85 亿美元。尽管它们的发展速度很快，但是它们在整个市场上的规模还很小。根据它们网站的数据，贷款俱乐部在 2014 年最后一个季度的贷款额增长超过了 14 亿美元，比 2013 年同季度的增长翻了一番。企业专家认为，美国市场的个人债务价值可达 3 万亿美元。

贷款俱乐部说它的目标是使贷款能负担得起，让投资有更大回报，实现银行系统的转型。它的快速发展也许有这几个因素：首先，财务危机期间，传统机构贷款的可用性偏低；其次，P2P 投资者或贷款人提供的利率更受欢迎；最后，为普通的投资者创造了一个新的投资契机。

这些利率怎样进行比较呢？2014 年 1 月贷款俱乐部的网站报告显示，A 级到 C 级（它们的信用指数）的贷款人的历史收益在 4.74% ~ 7.98%，这样的利率将会吸引更多的投资者。

> 我现在还没有看到大规模的资金流动，但客户已经在讨论 P2P，并且准备投资。
>
> —— 一位匿名的银行高管

　　之所以有这样高的利率，也许是因为贷款俱乐部申明，在它们的"新股首发文件中，创新市场模式高效地将资金的供给与需求连接在了一起。网上操作有效地减少了实体基础设施的需求，并提高了便利性，自动提高效率，简化了人工操作的过程，同时丰富了贷款人和投资者的经验"。

　　为了更进一步说明情况，麦肯锡（McKinsey）和利步若（Librium）的调查显示，贷款俱乐部的运营成本大约是它们总借贷额的2.70%。相比之下，银行成本的占比6.95%，分支机构网络成本占比超过2%。①

　　贷款俱乐部不仅提供个人信贷服务，还将扩大自己的服务范围。贷款俱乐部现在已经通过它的投资者之一谷歌向小企业贷款。它最近宣布，与中国的电子商业巨头阿里巴巴（Alibaba）在美国达成了一笔相似的交易。谷歌计划通过市场，向有1万名员工的合作公司提供60万美元的贷款。阿里巴巴是一家有上百万客户的大公司，在贷款方面也是称心如意的选择。这种贷款只是贷款俱乐部推出的新产品之一。通过与春石金融（Springstone Financial）的合作，贷款俱乐部还

_____

　　① http：//www. slideshare. net/seanbash/renaud-laplanchelendingclublend-it2014keynote（slide 25）

会提供医疗和教育贷款，它的行政高管雷诺德·拉普朗什
（Renaud Laplanche）说公司计划提供信用卡、抵押等其他
服务。

随着产品的开发，P2P 也将进一步扩大资金来源，包括
机构投资者的资金。通过这种方式，它们也将自己渐渐变成
市场中的贷方。英国有议价区域和美丰银行之间的合作。①

这个趋势正在美国加速发展，提供商一方超前的市场需
求，在提供应用程序接口的 P2P 上得到满足。这就使投资者
可以合法创建，并且管理贷款文档。此趋势的进一步发展是
奥查德（Orchard）的开发，它通过平台聚拢资金，扮演了第
二市场的角色。

尽管这种趋势为借款方在借贷中提供了更高额的资金，
但它仍然受到了批评。有人认为它把普通的投资者挤了出去，
让他们更难寻找到好的机会进行投资。

除了批评之外，借贷市场的竞争变得越来越激烈。贷款
俱乐部在 P2P 市场中被边缘化。在英国，议价区域和瑞特塞
特（RateSetter）提供个人贷款服务，而奥克斯货币（Aux-

① http：//www.ft.com/cms/s/0/efadf6fc-fd67-11e4-9e96-00144feabdc0.html#
axzz3b3pg EX9m

money）在德国也提供同样的服务。议价区域、融资圈（在最近一轮融资中，估值达到 10 亿美元）、资金（Money）合作公司提供满足英国小企业的服务，昂黛珂（OnDeck）在美国也有相同的服务。借贷之家（LendingHome）在美国提供抵押贷款服务，苏菲（SoFi）提供学生贷款服务。①

市场变得越来越拥挤的情况下，P2P 获得了政治上的支持。政府鼓励的两个变化有了进一步的发展。首先，P2P 上个人储蓄账户（Individual Savings Account，简称 ISA）正被大家关注和讨论。其次，乔治·奥斯本（George Osborne）——英国财政大臣，宣布将不会对 P2P 上投资的前 1 000 英镑收税。还有更进一步的政府支持：鼓励小型企业通过 P2P 筹款。②

文斯·凯布尔（Vince Cable），是英国前商务大臣，他在《金融时报》（*Financial Times*）的文章中说道："有太多的商业贷款都着眼于大型银行。如果我们有一个合理运营的借贷市场，那么，商业贷款就要被新兴银行、P2P 贷方以及其他的资金提供者不断挑战。"

---

① http：//www.ft.com/cms/s/0/a10fce2a-e832-11e4-894a-00144feab7de.html
② http：//www.telegraph.co.uk/finance/personalfinance/savings/11489834/First-1000-of-peer-returns-will-be-tax-free.html

　　乔治·奥斯本说为了融资，英国银行被要求从中小企业和 P2P 那里吸取失败的贷款应用的经验。苏格兰皇家银行（Royal Bank of Scotland Group PLC，简称 RBS）和桑坦德（Santander）银行是首批被要求这样做的银行。

　　最后，隶属国家的英国商业银行（British Business Bank）已经通过 7 个 P2P 的申请，投资了 2 亿英镑，包括融资圈、市场票据公司（MarketInvoice）、瑞特塞特和议价区域等公司，以此刺激小型企业的发展。

　　尽管初创公司正努力做出成绩，也接受了政府的支持，可有趣的是，它们对我们所调查的银行高管没有构成较大的威胁。① 其中有 45% 的高管并没有听说过贷款俱乐部，而 36% 的高管尽管听过名字，却不知道它是做什么的。对于瑞特塞特来说，占这两种情况的人数比例分别是 56% 和 26%。

　　尽管对于银行业来说，它们还没有自己的 P2P 品牌，但 P2P 也不是唯一的新的贷款模式。所以，银行业应该观望。当然，还有另一种新的贷款模式——销售点信贷（未达到与 P2P 相同的利润水平）。

―――――――――――

① Adaptive Lab / Research Now banking industry quantitative research study-Jan 2015

阿菲姆（Affirm）也是一家初创公司。它的创始人是麦克斯·拉夫琴（Max Levchin），他之前创建了贝宝。他在贝宝时说道："我们不再拙于改变系统。"但对于阿菲姆，他说过的目标是"从零开始重新想象银行的样子"。

阿菲姆的第一个产品是分期付款（Split Pay），即为客户在购物时提供贷款，同时也支持刷卡支付，它的这两项业务也支持移动应用，一家线上支付公司促进了这两项服务的发展。

阿菲姆支持客户分期付款，有3个月、6个月和12个月的期限选择。它通过雇用有个人信用的人——大约7万人——他们的信用体现在社会媒体数据和传统信用积分上，为贷款应用提供了实时决策。它声称将提供比传统信用积分更直观的借款人的财务状况报表，对于那些有较少的信用积分的客户群体，比如学生或军人，这将会是一个较好的选择。

阿菲姆通过贷款利率的降低成为一个支付处理器。这最先是由拉夫琴自己拨款的，但最近的融资已经达到4 500万美元。它提供的利率从10%至30%不等，大概与信用卡类似。但在谈到接下来的支付时，它将打算再积极一些，专注在透明性和公平性上，没有滞纳金和利率。对准千禧一代，拉夫琴说"这绝对不是银行的兴趣所在"。公司致力在移动支付上，并让客户更容易掌握它的支付功能。像很多现代公司一样，阿菲姆计划通过应用程序接口来安排自己的公司。

拉夫琴的前公司贝宝，像阿菲姆一样为客户在购物时提供信用卡服务，他说快速决策是更大风险的模式。贝宝正如其提供的服务一样，之后收购了名为"延期支付"（Bill Me Later）的公司。延期支付是一款快捷简便的电子支付方式，它的优势在于，购物时省去烦琐填表和漫长等待的过程。然而，它的经营模式并不像阿菲姆提供同样的透明性和公平性。

瑞典的克拉尔纳（Klarna）是另外一家初创公司，有一定的规模。公司的网站声称有3 500万客户在使用自己的支付方式。它的服务在5万家商家网站上活跃着，每日处理25万笔交易。公司已经融资超过2亿美元。在欧洲发展之后，它正努力着眼于美国市场。

大商（Business）公司创立已有10年之久，与贝宝和阿菲姆很相似，开始开发贷款应用时，只需客户提供少量信息。如果需要的话，大商后续会要求客户再提供一些信息。从申请者的角度看，这大大简化了申请过程。这个服务的明显优势在于它支持客户货到付款，这就使得客户有时间去检查商品的质量。

## 储蓄与投资

在谈到零售银行时，除了日常的活期存款以外，大多数人可能会想到储蓄。两家美国初创公司积极鼓励人们在银行储蓄。数字公司能够将客户的银行账户相互关联，然后根据客户的消费行为，自动将账户里的一部分资金转移到储蓄账户里。数字公司有望帮助那些原本不会存款的人，每 2 到 3 天内存 5 到 50 美元。该公司到目前为止已经筹集到了 1 380 万美元的资金，允许客户通过发送短信提取存款。短信服务是实现客户与服务之间互动的主要渠道。客户每天都会收到一条关于自己储蓄余额的短信，还可以选择接收近期交易情况的信息，并能通过短信暂停、增加或减少储蓄。根据当前的监管状态（例如有不被监管的情况），它还提供储蓄利息，这样，数字公司似乎变得越来越受欢迎。

橡子公司是另一家美国初创公司，与数字公司类似，它也能自动从客户账户里提款。但与数字公司不同的是，橡子公司将提取的款项应用到投资方案里，而不是存到储蓄账户里。橡子公司也有另一种方法，即关联账户自动将消费金融凑成整数，将消费后剩下的零钱用以投资。该公司目前筹集了 3 200 万美元，据说有 65 万用户。

橡子公司在投资方面的主张与近年来推出的许多在线投资管理的应用十分类似，其中，2012 年创立的英国的那美格最具代表性。

尼克·亨格福特（Nick Hungerford）是那美格的总裁，他想像亚马逊投资零售业那样做投资——慢慢控制市场，并使产品对每个人都触手可及。客户的投资从 1 000 英镑的小额到 5 万英镑的大额，或者更多数量的投资资金，它都一视同仁，而不像传统金融管理所要求的那样。①

大商公司在 2014 年 6 月筹到了 1 900 万英镑，2014 年 9 月报道说有 3.5 万个活跃客户。它为客户提供利率从 1% 到 0.3% 不等的少量费用的透明交易，并不收取典型的老牌银行所收取的设置、交易、退出等其他费用。同时，也为客户提供透明的交易记录和性能数据。

肖恩·波特（Shaun Port）是纳美格的首席投资官。他说：“我们从一无所有开始做起，没有传统问题的困扰，因此，我们可以纯粹地专注于客户真正需要的一切。”这家公司中跻身

① http://citywire.co.uk/wealth-manager/news/wealth-manager-how-nut-meg-plans-to-become-the-amazon-of-finance/a677205

于英国前 25 名的理财经理，正开始以开发养老保险产品等业务提升自己。

贝特蒙特是一家与纳美格相似的美国公司，创立于 2008 年。到 2014 年年底，通过管理，公司资产已接近 10 亿美元。

尽管贝特蒙特迎合了寻求大数额投资的人（这和纳美格一样），但因为它对投资的数额没有最小限制，所以它有更广泛的吸引力。

它在 2014 年筹资 3 200 万美元，提供 0.15% 初始利率的投资服务，在它的网页上声称会提供更高的回报，比一般白手起家的投资者期待的还要高出 4.3%。它的一般客户年龄是 30 多岁，但其中 20% 的资产来自那些年龄超过 50 岁的客户。同时，根据公司杂志的文章，贝特蒙特以其竞争对手 25% 的成本就可以争取到客户。

它还有智能功能，如再调整，这项功能可以做到自动维持资金结构平衡，还能根据税务亏损自动针对性地收取亏损部分。同时，最近公司开发了贝特蒙特制度（Betterment Institutional）平台，这是一个为顾问开发的服务，努力争取更广泛的分配。

纳美格和贝特蒙特不是在这个领域运营的仅有的两家公司。它们的竞争对手有财富前线公司，个人资本顾问（Personal

Capital Advisor）公司、有效数字（SigFig）公司和财富视野（Wealth Horizon）公司。

　　有关 P2P 初创公司的发展，我们的调查发现，一般能意识到新兴存储方式和投资服务的公司，在银行业中都处于弱势。[①] 43% 的银行没有听说过纳美格，35% 的听说过名字，但不知道它的业务内容。和数字化挑战者银行一样，这些初创公司是否能够达到一定的运营规模，银行的高管也有类似的疑问。

> 　　金融服务产品是用来出售，而不是买进的。 这些线上投资玩手是否能以一定的规模触及大众市场，是一件很有趣的事。 它们需要努力让自己的模式真正经济化，并成为市场上的一个严重威胁。
>
> 　　　　　　　　　　　　　　　—— 一位匿名的银行高管

> 　　它们 （初创公司） 正在采用交易所交易基金 （Exchange Traded Funds， 简称 ETFs） 的科技， 这是一个

---

　　① Adaptive Lab ∕ Research Now banking industry quantitative research study-Jan 2015

**低成本的投资产品，并把它包装成低成本文件进行服务。但是消费者理解它们的增值服务吗？人们相信它们的运营法则吗？在没有见过真实的人、真实的脸的时候，人们会信任网上的东西吗？一切都是未知。**

—— 一位匿名的银行高管

# 支付

支付市场涵盖了客户与商家之间的互动，这种互动既可以在网上操作，也可以在实体零售环境下完成，还可以面对面进行。对创业者而言，支付市场也是金融服务业中竞争最为激烈的领域之一。在 2014 年 11 月，仅天使汇（AngelList）这家专门负责追踪初创公司和它们所获投资的网站，就曝光了 1 500 家使用电子支付的初创公司。支付市场涵盖面非常广，在此，我们重点说说电子钱包和 P2P 模式。

所谓电子钱包，就是指客户不用刷卡或支付现金，就能完成支付的设备或软件应用。电子钱包可以手动绑定客户的账单卡，也可以绑定客户的其他银行卡或支付卡。

那么，既然电子钱包是零售商与客户之间的中介，扮演着新型的"中间人"的角色，它为什么广受欢迎呢？原因主要有以下几点。我们以贝宝为例，因为它应该是目前最广为人知的一个电子钱包了，其业务增长主要是基于在线支付的方便快捷。是的，贝宝虽然只是一个支付媒介，但它使用起来比每次购物都去输入信用卡信息更为方便，也不会让你不信任的零售商存下你的信用卡信息，因此，也就更为安全。贝宝最近推出了一款移动软件应用，客户能在实体店用贝宝进行支付。贝宝借助其品牌优势，外加庞大的客户数和商场赊购卡，在支付领域占据了市场主导地位。除此之外，我们之前在贷款部分也提到过，它在兼并延期支付公司之后，迅速做出提供信用额度的决策。

尽管电子钱包是最近几年才兴起的，尚未在实体零售环境下进行大规模的应用。零售店或手机应用方面的技术问题，一直是阻碍电子钱包发展的一大阻碍。例如，苹果公司最近才将近距离无线通信（Near Field Communication）技术应用到苹果手机上，而一些商店却没有更新支付终端，因此，仍然不支持对应的支付。目前，这项技术已经应用到苹果手机上，苹果支付的推出有望激起消费者对这一支付方式的兴趣，而同时，它与斯威尔公司的合作，将帮助零售商采用这项技术，以便能够实现近距离无线通信支付。

> **移动支付推出已经将近 10 年，但仍旧没有步入正轨。 一个很简单的原因，就是目前来看，移动支付还是没有用卡消费方便。**
>
> —— 阿里桑德罗·哈塔米，莱斯银行前主管

然而，移动支付能够被广泛应用的关键在于它的方便快捷。苹果公司已经使移动支付变得非常简便，客户只需将手指放在苹果手机的指纹识别传感器上或者将手机贴到支付终端上，就能完成支付。在美国，用苹果手机支付比掏出卡、刷卡再签名这样的传统支付方式有更好的客户体验。而在英国，芯片密码支付已经十分快捷，而对于小额的支付，非感应支付速度更快。所以，有人不禁会问，从便捷性角度考虑，苹果支付真的能胜出吗？

除了便捷性以外，安全性无疑是推动移动支付的另一因素。根据舆观（YouGov）调查网的调查，55% 的参与者表示支付的安全性是他们选择支付方式最看重的因素。对于苹果支付而言，安全问题主要是确保客户的账户信息不被存储到设备上，不会被发送给商家。

正如一些调查结果显示，无论是在便捷性、安全性，还

是创新方面，苹果支付在美国都起到了很好的引领作用。据苹果公司总裁蒂姆·库克（Tim Cook）透露，仅在苹果支付开始注册的 3 天时间内，就有 100 万张卡完成了注册，这使得苹果支付一跃成为最大的移动支付系统。美国三大支付网络平台上，无线支付的交易中，每 3 美元就有 2 美元是通过苹果支付完成的。[①]

许多观察家预测，苹果支付会引发消费行为更加广泛的转变。如果预测成真，其竞争敌手如谷歌，也会更多地推出各种电子钱包。据报道，美国全食超市（Whole Foods Market）公司在采用苹果支付之后，移动支付金额增加了 4 倍。

在改变客户消费行为方面，苹果公司最近推出的另一款应用应该对它进入支付领域有较大影响。由于苹果公司已经找到了将其所生产的产品构建成有序系统，实现苹果音乐播放软件、苹果手机和苹果手表的交互展示，就有可能进一步改善支付体验。

无论是苹果手表支付还是手机支付，银行和收费方都对苹果公司在每次交易中收取 0.15% 的费用表示担忧。这一模

---

① http：//www. pymnts. com/in-depth/2015/tim-cook-2015-the-year-of-apple-pay

式如果得以实行，再将交易费的预定变动考虑进来，刷卡这方面产生的收入会在接下来的几年中锐减，这将影响零售银行的利润。

然而，更让银行担心的并不是这个新的竞争者会收取一定的支付费用，而是它正在寻求一种替代性的商业模式，这就意味着它仅收取微乎其微的支付费用，或者免费实现支付。在这方面，谷歌是银行的最大威胁。

> 谷歌钱包为客户提供了一种方法，它能让客户在销售点用手机完成支付。谷歌愿意给零售商一个较低的交易折扣，因为它能够将你所购买的具体商品与你之前所做的搜索联系起来。这样，交易引导付费，而不是通过传统的点击量进行付费。但是经销商会从中收取与信用卡交易费相当的费用，和交易额相比，这可以说微乎其微。
>
> 这一方法，从原来高达 3.40% 的交易费用，到现在的 5 便士左右，再到完全免费，是一个快速的过程。所以，你可以设想一下，在将来，所有的经销商都被告知，如果客户选择用谷歌钱包支付，这笔交易不会被收取任何交易费。
>
> 这些经销商将非常愿意让客户使用谷歌钱包支付。所

以，它首先要做的就是创建支付环境。这显然不利于银行维护交易的进行，因为客户使用了电子钱包，银行会因此失去与客户之间的联系。

谷歌的目标并非开创一种支付方式，而是试图去解决一个一直困扰它的问题，即它原先按点击量付费的模式，这样，广告商通过点击量获取的利润变得越来越模糊。

但在谷歌钱包的模式中，它可以说："很好，那个客户浏览了 X 和 Y 商品，我可以确保他回去购买你的商品，这就是证据。"

—— 阿里桑德罗·哈塔米，莱斯银行前主管

还有另外一种支付方式，是针对亲友之间的。有很多电子钱包开发商瞄准了这一领域，使朋友间还款变得更为方便。例如，在聚餐之后，可以转账给朋友。我们都经历过就餐结束还钱给朋友的这种不便，你可能当时没有正好的金额还给朋友，你承诺之后再还钱，后来你忘记还钱这件事，或不得不通过银行转账，而去银行转账又不得不使用笨拙的安全设备完成，客户体验很糟糕。

总部设在美国的文莫公司在这方面很受客户欢迎。文莫

实现了脸书和贝宝之间的联系，能够按照新闻推送的模式在好友之间完成交易。尽管有些观望者可能会担心交易记录会被公开，但是实际上，交易记录都是隐藏的。客户说他们喜欢文莫便捷的催款服务，因为系统会自动向朋友发送支付请求。

一位客户告诉《彭博商业周刊》（*Bloomberg Business-week*）："我没有需要的时候，一般不会翻阅文莫的界面。但当我发出一个支付或偿还请求时，我就很乐意去查看进度，人们对此都很乐意。每个人都想表现得与众不同，又相互逗趣，这样挺有意思的。"①

这个软件应用功能十分强大，根据高盛的数据，通过文莫完成的支付总量由 2014 年第一季度的约 3 亿美元，到 2015 年第一季度迅速攀升至 13 亿美元。文莫能够取得成功，原因之一是美国的支付流程缓慢，需要耗费好几天。而在英国，情况恰恰相反。P2P 支付能够即时完成。因此，文莫的成功主要是操作方便快捷，不用登录银行网站，也避免使用让人讨厌的安全设备。

---

① http://www.economist.com/news/special-report/21650297-if-you-have-money-and-even-if-you-dont-you-can-now-pay-your-purchases-myriad-ways

文莫在 2012 年获得了来自布伦特里（Braintree）公司 2 600 万美元的融资。布伦特里是一家致力于使商家通过银行卡支付、比特币支付和苹果支付等方式实现支付的公司。布伦特里公司后来被贝宝兼并。贝宝和文莫一样，能够在其应用上实现点对点支付。

斯威尔是一家由推特联合创始人杰克·多西（Jack Dorsey）创建的公司。该公司最近推出了一项更为便捷的支付服务：斯威尔支付（Square Cash）。斯威尔支付和文莫、贝宝一样，能够实现简单的 P2P 支付。与通过银行向你的朋友汇款有所不同，斯威尔支付不需要收款人的银行信息，只要获取收款人的电话号码即可，这就使交易变得简单多了。

除了电话号码以外，电子邮箱地址也是一个要确定的因素。一家非常有名的科技巨头，最近推出了一种通过电子邮件汇款的方式。谷歌已经将其钱包服务应用于电子邮件服务，与谷歌邮箱整合在了一起，使向邮箱汇款变得简单快捷，即使收款人不是谷歌邮箱的用户，也能完成支付。

P2P 支付功能与其他通信服务已经结合在了一起。斯威尔支付在通信软件斯奈普畅聊（Snapchat）上推出了一个新功能斯奈普支付（Snapcash）。截至 2015 年 1 月，斯奈普畅聊声称有 1 亿活跃用户。

这令银行感到担忧，因为这些支付公司能够改变现有的支付行为和社交网络。对于社交网络而言，这不仅将它们与客户联系得更加紧密，同时也给它们带来了一个机遇，即可以拓展自己的业务，让自己也成为一个电子钱包供应商。

即便是业内巨头，也不得不跟着做出相应调整。脸书也打算开发自己的支付功能，它已经完成了电子货币执照的申请，在它的即时通（Messenger）软件上也出现了与支付相关的规定。这一功能会不会也被应用到网络信使上呢？脸书凭借即时通和网络信使这两款软件在全球拥有超过 10 亿的用户，这足以使脸书在支付领域和国际汇款市场上占有一席之地。

银行应当对移动支付的开发感到担忧，因为这会使客户进一步放弃与传统银行的联系。

## 国际汇款业务

国际汇款历来需要耗费很长时间还会收取很高的手续费，初创公司正在改变这一局面。

明智转账公司也许是国际汇款领域最为人所熟知的公司。它让客户将钱汇入自己或他人的账户。但明智转账公司并非

直接汇款，而是将钱与相反方向的汇款进行配对。举个简单
的例子：如果在英国的 A 向在法国的 B 汇了 50 英镑，明智转
账就会找到一个身在法国正要向英国的 D 汇款的 C。然后，
它将 C 的钱汇给 B，将 A 的钱汇给 D。在实际操作中，明智
转账公司并不是对单笔汇款进行配对，而是对数目较大的汇
款总和进行配对。这样，所有客户不仅能顺利进行支付，而
且无须支付任何货币兑换费用，因为这些钱并没有跨越
国境。

该项业务近期获得了由安德森·霍罗威茨公司主导的新
一轮融资，且公司的市值估价为 10 亿美元。这一业务是由网
络电话公司以前的员工开设的。据报道，2011 年这一业务刚
开始时平均每笔汇款的金额为 1 300 英镑，海外汇款金额增长
了 1 000 万英镑。到 2012 年，汇款金额达到了 5 000 万英镑。
截至 2014 年 3 月，通过该业务实现的总汇款金额达 2.4 亿英
镑。当时无法确定该业务中汇款金额的增长速度，但公司筹
集了 6 000 万美元，这就意味着该业务正朝着有利的方向发
展。相比较而言，西联汇款每年有 700 亿美元的交易额。而
根据世界银行的预测，全球每年的汇款总额高达 5 290 亿美
元。这的确是一个机遇，明智转账公司在这项业务中占了很
小的份额。

　　**明智转账公司在汇款收费比银行低的情况下，能够获得成功。一旦它汇款收费比银行贵（这种情况很常见，明智转账公司并非总是比银行便宜），客户就不会用它进行转账了。**

——阿里桑德罗·哈塔米，莱斯银行前主管

　　阿西莫和沃德敏特是两家相似的英国初创公司，它们分别募集了1 100万美元①和1.47亿美元②的资金。沃德敏特公司声称，它90%的支付都能够马上收到，而不是像通过传统中介转账那样，需要花费好几天；而且它能够直接通过手机汇款，而不用跑到支行办理。这项服务为收款人提供了多种收款选择，包括银行账户、手机信用卡以及移动钱包。沃德敏特称其每年处理超过100万笔交易，平均每笔交易额约为200英镑。阿西莫也声称，其办理的平均每笔交易额为420英镑。阿西莫的业务遍及190个国家，沃德敏特业务遍及100个国家。

---

① https：//www.crunchbase.com/organization/azimo
② https：//www.crunchbase.com/organization/worldremit

　　尽管目前有很多高调宣传和能够稳定信心的大量融资都体现了人们对国际汇款市场增长的信心，但我们的受访者对于这些公司却知之甚少。67%的受访者没有听说过阿西莫，26%的受访者仅仅知道这个品牌，却不知道它具体开展什么业务。51%的受访者没听说过明智转账公司，而了解的受访者仅占35%。[①]

## 理财

　　另一类初创公司是个人财务管理公司，意在帮助人们树立更好的财务观念，更好地追踪自己的现金流向。

　　我认为，在理财建议方面，整个银行业做得都不好。业内有一个明确的类似监管条例的规定，打压那些只提供理财建议，而不向客户告知，这些建议是根据理财项目的价格而提供的做法。由于对银行零售业务有一整套的审查，所以银行正在减少提供建议方面的业务。这

---

① Adaptive Lab/Research Now banking industry quantitative research study-Jan 2015

> **就为向客户提供金融服务信息的其他公司留出了巨大的发展空间。**
>
> —— 阿里桑德罗·哈塔米，莱斯银行前主管

一般而言，这些服务让客户能够整合他们的现金、储蓄账户和信用卡账户，对自己财务有一个整体的把握，并用内置工具对收支和预算进行分类。它们注重功能和应用，往往能为客户的收支行为提供一个比银行网站和移动应用更好的方案。

名特公司是一家美国初创公司，是一家获得了英国金融仪表盘（MoneyDashboard）公司和个人财务管理应用平台在树上（OnTrees）加盟的公司。名特公司创建于 2006 年，2009 年被会计软件公司财捷以 1.7 亿美元并购。截至 2013 年年底，该公司对外宣称在美国和加拿大拥有超过 1 000 万的客户。在树上公司创建于 2012 年，并于去年被比价服务公司金融超级市场（MoneySuperMarket）以非公开的价格并购。

标准财富公司创建于 2012 年，是另一家总部设在美国的个人财务管理公司，主要目标客户为千禧一代，意在帮助他们偿还助学贷款并开始储蓄。该公司收到了来自凯鹏华盈风

投（VC Kleiner Perkins Caufield & Byers，简称 VC KPCB）公司的 500 万美元的投资，在 2015 年 1 月，已经拥有 70 万客户。之后，公司被美国第一资本投资国际集团（Capital One Financial Corp）兼并。

> 很多投资者的注意力都集中在个人财务管理平台能否对人们的生活产生影响上。 到目前为止，我还没有找到任何能够支持这一观点的证据。 当然，目前已经有很多不错的应用界面，但还没有证据证明人们已经大规模地转变了理财行为，进而使用这些理财平台和相信这些理财信息。 最难做的就是让客户与个人财务管理平台之间实现互动。 而让客户对这些平台习惯则更是难上加难。 这是因为客户目前并没有看到这些平台能够带给他们价值。
>
> —— 汤姆·霍普金斯，益百利公司客户服务部产品创新总监

到目前为止，还没有一个针对个人财务管理的公司得到很大的发展。当然，这样一个基于移动平台且操作简洁的软件，与银行账户的结合更为紧密。究竟它能否越来越受欢迎，值得我们拭目以待。

## 货币的本质

受到新兴技术和初创公司挑战的不只是银行的业务模式，还有其他方面。金钱本身的理念也在遭受来自诸如比特币之类虚拟货币的质疑。尽管在技术方面可以实现，但在工业领域却行不通。根据我们的调查，只有7%的受访者认为银行应该将虚拟货币纳入货币范畴。[①]

比特币是支付网络中的虚拟货币，它是由一个化名为中本聪（Satoshi Nakamoto）的神秘人物发明的。在一篇介绍这种技术的论文里，中本聪将其描述为一种基于虚拟证据，而不是基于信任的电子支付体系，它能够使任意的双方直接进行交易，而不用通过双方都信得过的第三方，而这个第三方一般是银行。

比特币发明于2008年，但直到2009年才对外开放，之后应用范围有明显扩大，知名度有了显著提升。传统货币由中央银行作为担保，而比特币则由数学算法计算产生，由每

---

① Adaptive Lab / Research Now banking industry quantitative research study-Jan 2015

次交易产生的日志作为担保，并对全网公开。这个能够与公众共享的分类账被称为"数据区块链"，它的工作模式是每次交易都是建立在上一次交易的基础之上。如果下一个交易是假的，就无法适用于数据区块链，并会被立马曝光。一个交易必须由购买者通过安全密码进行"签名"。这个密码是由算法程序根据他们的账号生成的，并由网络公开密码进行核实。

这些虚拟货币并非由某个中央机构发行的，而是由许多电脑通过运行复杂的数学算法"挖掘"出来的。电脑每次使用虚拟货币密码系统产生密码完成任务，都会被奖励新的比特币。当越来越多的比特币被挖掘出来之后，再去挖掘新的比特币就会变得越来越困难，因为这需要计算机网络，花费大量时间和消耗大量电量。试图在自己的主机上挖掘比特币，在比特币初期能够实现，但到了后期，挖掘比特币消耗的电量，比挖掘到的比特币本身的价值还要多。

比特币是一种虚拟货币，因为它用密码确保安全性。但除比特币之外，还有其他的虚拟货币。暗黑币（Darkcoin，意在最大程度地保护隐私）、莱特币（Litecoin，交易速度较快）以及点点币（Peercoin，意在提高能效）都是典型的虚拟货币。

这些货币是新的虚拟货币，不存在任何问题。大多数消费者一开始并不理解它们为什么会出现，这就意味着对虚拟货币的信任度很低。然而，正如乔治·奥斯本在 2015 年 3 月发表的预算研究中描述的那样，这些虚拟货币一旦得到很好的监管，就能获得很好的发展机会。

> 我觉得这是一个非常有意思的想法。我认为比特币误解了货币与中央银行、货币政策、货币的运作原理和通货膨胀以及与之相关的所有因素的概念。我认为这是一种很奇怪的想法，它是一个陷阱，但这种想法终究会昙花一现。
>
> —— 一位匿名的银行高管

尽管很多业内人士认为这是一种奇怪的想法，但我们相信比特币和其他虚拟货币正在影响、改变着金融产业和其他行业，例如股权并购、经纪人投注、房产买卖等，这些交易都是建立在一个信任的第三方的基础上的。区块链的理念与设计确保了各方交易能够安全进行，无须中介，这对传统金融服务业产生了巨大的挑战。

## 分拆银行的经营模式

初创公司正在挑战银行的各方面。

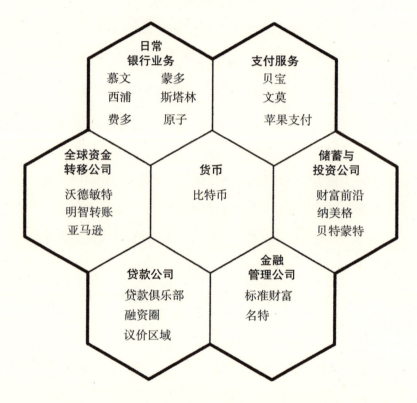

在本章，我们已经讲得很清楚，随着一些新玩家把目光投到传统银行一直享有的丰厚利润上，商业银行零售业务模式正在被彻底拆分。单独看，这些新玩家理应引起银行的担忧，但退一步讲，我们相信如果这些新玩家获得了更大的发展前景，它们将会对现有的参与者构成更大的威胁。

第三章

# 被取代、减少和解体：
# 进行中的3个阶段

与银行竞争的众多初创公司，最终也许会有一家公司主宰市场，但单单从这个居高临下的观察点来看，现在还不清楚最后的结果。我们认为不能依赖这些公司中的赢家，未来是属于一家公司的，现在这家公司也许已经存在，但也有可能还没出现。然而，即使没有这样一家公司，目前依然可以见到行业中发生的一系列重大事件和众多新兴竞争者，这对于老牌企业来说都是重要的考虑因素。

将要发生的重大事件是：银行被取代、银行的减少以及银行的解体。

在这一章，我主要讲述这3个不同的阶段。首先以电信业和移动网络运营商为例，然后再检视这些例子是如何被应用到银行业当中去的。

# 被取代

第一阶段是老牌企业向初创公司的转变，体现在参与互动的模式上。这是因为初创公司提供了更好的的客户体验以及更为优惠的价格。在电信业中，随着智能手机的到来，移动网络正在转型。首先，互联网和制造商控制着手机用户；其次，随着互联网的普及，互联网和制造商通过规划门户网站所提供的服务项目——新闻报道、赛事速递、文娱表演等，并通过找到相应的合作供应商，始终掌控着对客户界面的支配权。同样地，互联网和制造商过去习惯生产安装在手机上的应用，并控制着安装在其他设备上的应用。

互联网运营商支持客户直接通过浏览器上网，这样，第一个挑战便随之而来，因为这样做会大大降低它们的控制力，但是接下来的发展将这仅有的控制力彻底清除了。2007 年，苹果公司发布了苹果手机，一年之后创立了苹果应用商店。突然间，任何开发商都可以创建应用，并拥有上百万的客户，这就给了客户更多的选择。

有些应用直接与互联网的核心服务进行竞争。比如，信息传送应用有网络信使和线路（Line），这些都直接破坏了互联网的短信服务和多媒体短信服务业务。网络信使提供的特色服务超越了互联网的服务，包括快捷群发简易的照片、视频和状态更新等，这些服务的费用年仅 1 美元，比短信服务的价格便宜得多。

这些初创应用的影响从短信服务和多媒体短信服务业务量下降可以看出。英国信息的发送量在 2011 年达到高峰，人均发送信息量达到每月 228 条。到了 2013 年，人均信息量的发送下降到了 170 条——这是自 2008 年以来的最低谷——下降的主要原因是信息发送应用的兴起。

信息发送方式的转变对互联网的收入有显著的影响。根据欧文提供的数据来看，2013 年全球的手机开发者在信息发送费用上损失了 325 亿美元，这个趋势在英国也有体现。[①] 2014 年8 月，英国通信管理局致使 2013 年英国零售电话短信服务的使用减少，从而导致其收入下跌 3 亿英镑，这个数量大约是其年收入的 10%。现在这些应用提供的不仅是信息发送服务，其中有相当一部分甚至提供视频聊天或语音聊天的服务。

这种取代的结果就是使互联网变成一个"无声管道"

———————————

① http：//www. bloomberg. com/news/articles/2014-02-21/whatsapp-shows-how-phone-carriers-lost-out-on-33-billion （dumb pipe），它为服务提供了通话和信息等基础设施，但同时也失去了与客户的联系。

## 减少

第二阶段，即在一个转换频率逐渐增高的环境里，老牌企业财务收入慢慢减少，其经营模式逐渐遭到挑战。

"无声管道"的理念将互联网变成了一个工具，用户现在对任何开发商都不会完全信任，而更倾向于在不同服务之间转换。2013 年两个科技巨头开发的服务表明，目前的状况是如何在电信业中有所表现。

2014 年夏天，苹果公司发布了预装客户识别模块（Subscriber Identity Module，简称 SIM）卡的新式平板，SIM 卡被称为"软卡"（Soft SIM）。软卡使互联网运营商之间的转换更加便捷，因而可以随时找到最好的接收网络。同时也避免再另外去购买和转换 SIM 卡。这就清除了一个巨大的障碍——不便捷和老习惯——软卡使人们避免了不同网络之间转换的不便利。

更重要的是，这项特色功能可能还会应用在下一代苹果手机中，因此，苹果公司引领了其他应用商跟随它的脚步。

对于在外出差的用户来说，用一个简单的 SIM 卡自动转换网络是非常完美的，它自动搜索信号最佳、价格最优惠的接收网络。而网络提供商并没有这样为用户着想。

谷歌开发的自动转换网络的新服务更领先一步。飞（Fi）项目于 2015 年发布，支持用户连接两个 4G 网络和上万的免费无线网络。通过在后台自动持续扫描可连接的网络，用户根本不需要在网络选择上做任何思考，就可以实现不掉线地连接网络。

这两个服务的创立都显示，拥有独特的客户体验有多么强大，同时，老牌企业也只能沦为一个工具（因为在市场中转换频率更高）。也许在没办法区分其他服务时，老牌企业会变成服务质量和价格二选一的妥协选择。

## 解体

第三阶段是老牌企业的核心竞争力遭受新兴科技的挑战。

电信业沦为简单工具的观点已经不再新鲜。"无声管道"这个术语的使用频率很高，电信业的回应说法是，通过做一个智能管道，尝试提供智能连接和超越数据的服务使自己与众不同。但是，如果电信业这个管道——我们讨论的网络运营商的核心竞争力同样也受到了挑战呢？

　　近 10 年来，移动网络彻底失去了对客户体验的控制，但它们仍然保留着基础设施：负责发送的无线电发射塔、连接客户的移动设备和网络之间的网络覆盖。

　　现在，网络所关心的问题是目前得到数据的能力，当然不是通过移动网络得到数据的能力。现在正发生的变化，是公共无线网络在慢慢增多。很多城市的中心区域已有无线网络覆盖，覆盖面越广，安装费用就越低。一些商家甚至将为客户提供无线网络作为一种商机，因此，在购物中心、会议中心、咖啡店、餐馆等都有无线网络覆盖。谷歌飞项目的推出证明，无线网络的应用使网络客户摆脱了对网络运营商的依赖，从而为客户节省了流量费。

　　第二个改变不是规模上，这在以后会更明显，即通过其他方式提供无线网络，比如通过卫星、高位热气球或者自主无人机等。举个例子，谷歌的"懒人计划"（Project Loon）正在利用高位热气球，向限制区域或无覆盖区域传送无线网络。平流层上的热气球创建网络后，把信号传递到建筑物的天线上。谷歌已经在新西兰地区进行了实验，接下来打算在智利、阿根廷和澳大利亚提供网络服务。

　　谷歌和脸书正在试验用自主无人机传递无线网络，其他公司包括维珍银河（Virgin Galactic）公司、外联网（Outernet）公司和太空探索技术（SpaceX）公司正准备开发这样的项目，采用近地轨道的卫星提供网络接入，这在某些情况下是免费的。另一个例子是维斯派（WiSpire）公司在东英格兰的无线网络项目，它利用教堂塔传递网络，但其高速宽带的服务却不太理想。维斯派的信号传递从诺维奇教堂（Norwich Cathedral）开始，在不同的教堂塔之间传递，充分利用了平坦地区教堂相对较高的优势。

通过热气球和自主无人机的无线网络传递也许会在将来实现，无处不在的无线网络覆盖也不是不实际，尤其在一些一线城市。总之，老牌企业的核心能力遭受挑战也不是一夜之间的事。在电信业中，竞争还是很遥远的事。然而，我们可以将电信业的发展趋势联系到银行业的发展中去。

## 银行业前景

### 银行被取代

> 从理论上来说，你的老板可以直接将你的工资打进你的贝宝账户里，实际上银行账户对你来说不是必要的。
>
> —— 一位匿名的银行高管

正如电信业一样，银行业的老牌企业发现初创公司正在与它们在客户体验和价格方面进行竞争。前一章提到过的很多企业都可以提供更优质的体验以及更完善的交易。比起老牌企业，这些初创公司更加小巧灵活、有优化的设计、不约束于传统科技。

那么，通过在一个更好的客户界面提供核心的银行服务，第三方应用有没有可能吸引客户呢？不难想象，一家科技公司可以提供优于银行的支付体验。2013 年由沃卡链接（Vocalink）支付公司做的一项调查显示，64% 的英国消费者在通过贝宝进行移动支付。相比之下，银行应用的使用率只有40%。同样地，苹果支付和其他数字钱包也提供了较好的线上体验和店内购买服务。[①]

同时，一个科技公司可以提供更好的 P2P 资金交易体验吗？当脸书的特色功能应用比网络信使的使用范围还要广时，不难想象，与到处笨手笨脚地摸索双因素认证设备，同时询问朋友的账号信息相比，使用脸书的特色功能就容易多了。同样地，通过已注册的谷歌邮箱也可以获得相同的特色支付服务。

---

① http：//www. euromoney. com/Article/3220677/VocaLink-database-could-give-mobile-payments-a-new-lease-of-life. html

## 零售银行是如何被取代、减少、解体的？

我们认为这 3 个阶段正在进行。

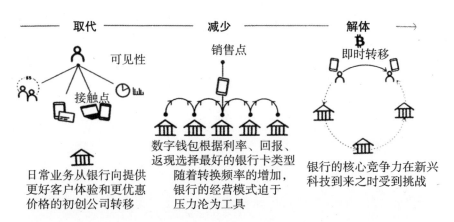

日常业务从银行向提供
更好客户体验和更优惠
价格的初创公司转移

数字钱包根据利率、回报、
返现选择最好的银行卡类型
随着转换频率的增加，
银行的经营模式迫于
压力沦为工具

银行的核心竞争力在新兴
科技到来之时受到挑战

在每个银行的主要业务中，我们会发现相似的情况。通过瞄准银行的一些业务，再加上没有传统的束缚，初创公司得以为客户提供更好的客户体验和更优惠的价格。因此，它们是消除客户亲自去银行的不便利来加强与客户的联系。渐渐地，客户偶然性的使用就会成为一种习惯。

银行面临的风险，是初创公司或其结合变成一种新型客户接口，这将减弱银行与客户之间的联系，同时银行也要承担吸引和服务客户的代价。因此，银行控制与客户关系的能力受到限制，并且在交流、交叉销售以及向上促销方面的机会越来越少。

还有一个风险，就是初创公司已经有了进入新兴领域的立足之地。塔维特·辛里克斯（Taavet Hinrikus）是明智转账公司的总裁，他在接受英国《金融时报》采访时说道："处于低谷时，我们就不得不思考还应该做些什么。为了给客户带去更优质的金融服务，同样的过程里，我们还能做些什么？"

同样地，贝宝和阿菲姆的创始人麦克斯·拉夫琴，也有更远大的理想，他的愿望是创立一个提供全面服务的金融机构。拉夫琴说："我们正努力创建一个终生服务客户的公司。"

我们现在还没有看到客户在初创公司的金融服务方面的使用上的巨大转变。尽管有了欧洲的管理变化，但我们认为，获得客户账号的困难和业务数据的不变，都阻碍了转变的进行。

欧盟委员会（European Commission）在下达支付服务指令（Directive on Payment Service）中说明，它们正打算建立一个横跨欧洲的单一支付市场，从而管理和调整之前不规范的公司和愈加激烈的竞争。有一款支付服务的修订指令已在2016年年初实行，当客户要求与第三方公司进行安全认证时，修订指令要求银行通过开放的应用程序接口接入系统的第三方公司。

> **如果委员会可以成功迫使银行开通应用程序接口，那么对于大部分人来说，通过脸书、苹果公司和谷歌来获得金融服务将会比去传统银行而简单得多。**
>
> **—— 大卫·伯奇（David Birch），海波龙咨询（Consult Hyperion）公司总监**

看到应用程序接口对金融服务市场的影响，英国财政部（Her Majesty's Treasury，简称 HM Treasury）在 2014 年 12 月发表了相关文章。这篇文章略述了银行业应用程序接口和开放日期（Open Data）的发展机遇、挑战和最佳实践。文章中提道："这会挑战客户通过银行账户进行的交易行为，默认行为是购买和使用金融服务。比如信用贷款、抵押贷款、存款、外币兑换以及线上其他核心业务。"[①] 换句话说，挑战零售银行的基本商业模式——将客户的活期存款账户与交叉销售的贷款产品（能真正赚取利润）挂钩。

在不得不遵照支付服务的修订指令之前，银行还有一些时间。一些初创公司已经轻而易举地取得了客户的银行账户

---

① https：//www.gov.uk/government/publications/data-sharing-and-open-data-for-banks

并开展了相关的客户服务，这都预示着发展的趋势。以约得（Yodlee）公司为例，它使在树上公司、个人财务管理公司金融超级市场在多元账户中聚合客户的交易数据。格子（Plaid）公司是另一个例子，它使自动存储应用公司数字公司的客户通过身份验证取得银行账户。格子公司和约得公司为初创公司提供了精心设计的应用程序接口，虽然应用程序接口目前与银行的相关规定相冲突。

我们相信，以后支付服务的修订指令内容，会将银行推离客户，且仅为银行业提供"渠道"，于是，银行渐渐被取代。

这是一个非常残酷的威胁。谷歌、苹果公司等其他公司已经潜在地以它们的经营模式为中心，形成了现在的局面。目前，银行已经不再是客户关系的所有者。比如，想象明天谷歌决定创立一个银行聚集系统。你输入密码登录自己的银行账户，它以一种更加新颖、易于互动和更方便客户的方式呈现你的信息。这时你也许会觉得这种管理资金的方式，比登录线上银行更好。就在这时，你和银行之间的关系也就改变了。

——阿里桑德罗·哈塔米，莱斯银行前主管

### 银行在减少

随着初创公司成功取代银行与客户进行交易，我们看到银行的利润被挤压，银行进而沦为替补。市场的转换频率越来越高，因而银行与客户之间的交流机会渐渐减少，银行在市场上创新的机会也随之减少。

> 对于银行来说，它所面临的风险，是一旦其他公司带走它所有的交易，它不会做出转换的选择。 即使不用应付更改密码或银行卡的麻烦，客户最终会在这个情况下完成交易转换吗？
> —— 汤姆·霍普金斯，益百利公司客户服务部产品创新总监

为了说明，让我们回过头来再看看苹果公司的软卡和谷歌的飞项目，它们轻松地为客户实现载体间转换，甚至实现自动转换。银行中的一个类似功能是个人理财经理帮助客户实现账户之间的转换。

为了更进一步说明，让我们来看一下金融超级市场公司，在它收购在树上这一个人财务管理应用公司之后，相对轻松地将自己的产品比较数据（comparison date）与银行客户行为

进行结合，从而进一步促进账户之间的转换。

另外一个例子——MaxMyInterest——一家美国的初创公司，它把自己称为"智能现金管理解答"，它有相似的主张——增加最大储蓄回报。这种服务，现在还在起步阶段，但已经轻松地帮助客户在账户间转移资金，从而随时可取得最大利率。

还有一个例子是关于支付的。它专为特殊交易服务，是一个基于奖金和现金提取的自动转换支付方式的数字钱包。苹果支付已经存储了多元卡，支持客户根据自己的需要选择自己想要的任何一种。同时苹果移动设备操作系统9（IOS 9）的发布，在一些零售商那里，这种卡将会成为一种极力推荐的特色卡或者贵宾卡。对于苹果公司或者其他类似的公司，这不是一种扩张，而是将带有卡片自动转换的想法进行延伸，从而取得最佳交易。正如贝宝已经在做的那样，提供一种新型贷款。

对于个人财务管理和数字钱包的市场来说仍然太早，但如果它们能够实现从客户体验向这些新式服务的转型，就像苹果公司的软卡那样，就可以占据主导地位，削弱银行的力量，使客户在不同服务之间的转换更加便捷，甚至能做到转换的自动化。

> 这是一个很大的风险。比起其他的行业，目前银行业所提供的服务在分化客户关系方面还没有很高的价值。现在的趋势，是客户正从一家银行转移到另一家。如果有初创公司轻易让客户离开 A 银行而与 B 银行合作，这说明，它创造了一个保护层，支持客户在后台更换银行，但它自身仍能维持与客户的关系，那么，它正在破坏我的盈利模式。
>
> —— 阿里桑德罗·哈塔米，莱斯银行前主管

## 银行解体

最后一个阶段是老牌企业的核心竞争力，在新兴科技或科技玩手到来之时遭到挑战。这就意味着即使老牌企业仅仅只是工具而已，但也在初创公司使用多元渠道时遭受了威胁。当我们分析电信业时，已经概述了它们的核心能力，即通过网络运营商输送网络。但就是这种核心能力，也在无处不在的无线网络传送下遭到了威胁，那么，相同的局面会出现在银行业中吗？

一些科技公司已经拥有了自己的渠道，因而建立了自己

的系统同银行竞争。就像本章之前提到过的脸书，可以像网络信使和脸书即时通那样做，将自己看作可信赖的中介，同时将网络信使和脸书即时通变成支付平台。

如此，新兴科技对基础的银行业经营模式可以产生深远的影响。渐渐地，它就像是可以产生影响的区块链。

在一篇由英格兰银行发表的名为"支付科技中的创新以及数字货币的出现"（*Innovations in payment technology and the emergence of digital currencies*）的文章中，区块链被视为互联网金融的第一次尝试。那么可以想象，互联网的影响以及计算机之间信息共享的概念是如何发展的。现在就来假设一种与金融方面相似的科技，它可能有推动变化的无限潜能。

目前的银行系统仍然信任之前的工作模式，那就是每家银行都会坚持一个精确的分类账和"清算"服务，它支持银行间的交易，同时也精确地处理支付业务。对于清算来说，大型银行依然使用40年前名为"自动化清算所"（Automated Clearing House，简称ACH）的老技术。这就把不同批次的业务集合了起来，进而将它们按照时间顺序进行清算。基于区块链的系统支持，清算比起之前，更加便捷、安全。

尽管有对平台做什么的疑问以及它是否切实可行的评判，但依然有相当一部分人看重它的积极影响。

奥利弗·巴斯曼（Oliver Bussman）是瑞士联合银行（U-nited Bank of Switzerland，简称 UBS）的首席信息官，他相信区块链对支付系统的改变会造成更大的破坏力。在他看来，当有强大的品牌出现，建立了较高的安全系数并提供切实可行的服务时，整个行业都会跟随。如果他是对的，对于传统金融服务业来说，这是一次机会。然而，初创公司很可能会更灵敏、更迅速地发展，从而利用科技创建服务。同时，它们也可以利用成本优势探索比传统银行业更加多元化的经营模式。

正如比特币启发加密货币一样，基于区块链技术也延伸并出现了其他技术和新兴公司，包括以太坊（Ethereum）公司和瑞波公司。瑞波已经由一些金融服务机构进行了调整，进而拥有货币市场公用数据库的分布式共享分类账。肯恩·柯森（Ken Kurson）在《时尚先生》（*Esquire*）中写到，瑞波币现在是继比特币之后的第二大加密货币，它可以像纳普斯特（Napster）公司在 20 世纪 90 年代给各大唱片公司造成的影响那样给金融服务品牌带来巨大冲击。

这个新科技的概念以及它的影响，看上去和互联网一样，对固定线路和移动电话服务产生相同的效果，使网络电话和其他网络语音业务（Voice Over Internet Phone，简称 VOIP）

的服务成为可能。并通过自动降低银行对个人业务的收费，极大简化了资金存储和转移的过程，进一步降低了成本，最后迫使银行改变其经营模式，并有可能使对新科技的机遇有所准备的新兴竞争者创造完整的新兴经营模式。

这些初创公司正利用我们在第一章中强调的变化力量，求得精益化、灵活的企业模式，通过取代、挤压和迫使老牌行业解体以袭击银行业。

这里描述了整个发展中的最后一个阶段，我们相信发展正在进行。在我们看来，这不是会不会发生的问题，而是何时发生的问题。

第四章

人群、文化和科技：
银行业正面临的挑战

当我开始写这本书的时候，我尽力将银行工作者和金融服务业工作人员的意见编写进来。通过面对面的交流、调查以及一系列的圆桌晚会，我得以探索目前行业内的趋势、挑战和机遇。这其中的一些观点和建议，正如你之前所看到的，已经在书中进行了介绍。尤其是其中重复出现的 3 个方面，我认为有必要另起一章进一步说明。这 3 个方面是人群、文化和科技。

之前已引用访谈中的一些片段，我在这章集中对其进行说明。

## 人群和文化

> 如果你是负责盈亏的总经理，那你不去创新或者尝试用盈亏的方法去搞破坏，也是可以理解了。
>
> —— 李桑基（Lee Sankey），巴克莱（Barclays）银行前总经理

大型企业的变化，是最显著的。银行业的一些变化是一种渐进式（即使仍然受到挑战）的转变，比如从分支机构模式到移动模式的转变。虽然其他的转变，如向 P2P 模式的转变更为基础，但也要求我们做一个全面的反思——这种反思有可能产生一种交易，这有可能使银行原先的利润降低。

> 银行是大规模企业，仅仅复制初创公司的做法可能会破坏银行的内在经营模式。 同时，这种做法并不会像收入生成那样马上取代目前的模式。
>
> —— 一位匿名的银行高管

> 银行目前的经营模式是很有益的，这些模式已经运行了多年。 那么，突然将其抛弃，并用不可确定的模式代替，是一件恐怖的事情。
>
> —— 阿里桑德罗·哈塔米，莱斯银行前主管

转变需要一定的时间，过程会变得更加复杂。因为大企业现在很矛盾：它们的规模如此之大，因此快速改变文化氛围是不可能的。但如果转变太慢，企业就将面临巨大的风险。

　　转变的一个巨大挑战就是银行内部金融模式的变化。你会选择独自生存，还是任其在一段时间内慢慢发展？从一种提供服务的方式向另一种方式的转变，需要你同股东、利益关系人和管理人等一起负责，事情很复杂。 你不可能轻易地说："我将模仿公司以外的运营模式，而且将会很顺利。"

——特拉弗斯·克拉克·沃克（Travers Clarke-Walker），
费哲（Fiserv）金融服务公司首席营销官

　　我认为转变是所有大型企业都可能面临的挑战，尤其是那些成功的企业：你冒着不去尝试新事物的风险，因为你把精神集中在旧的事物上，并尽可能将其做好。 这就是克莱·克里斯坦森（Clay Christensen）的创新两难问题，同时问题会因其固有的管理变得更加突出。 在所有的大型银行中，不说成千，也有上百的工作人员要确保事情对客户来说，总是朝着好的方向发展。 从表面上来看，这就要求企业不去做改变。 如果要在这样的背景下抓住机遇，就要有强大的力量。

——汤姆·霍普金斯，益百利公司客户服务部产品创新总监

　　不管银行是否在真正探索新型运营模式，如果它们想要跟上变化的节奏，那么，它们就需要反思如何扩大工作范围。我们在调查中一直强调，有69%的调查对象认为，零售银行可以足够快地满足客户的数字化服务需求。

　　为了跟上变化的节奏，很多人开始谈论新兴工作实践，比如设计思维、精益的工作方法和敏捷的执行力以及我们在采访与晚会上想到的其他方面，可是要将这些实践投入应用也是一大挑战。

　　有人认为，老牌企业不容易理解正在发生的事情，这显然是十分荒诞的。它们有很多人才和想法，现在的挑战是使这些想法成为现实，尤其是跟随变化的节奏，而这样的想法就在硬盘的 PDF 文件里。可现在，这些企业不那么灵活，不再精益地工作，不再设计驱动方法。相反地，它们与其奋斗基因背道而驰。

　　　　　　　　　　—— 李桑基，巴克莱银行前集团设计总监

　　从本质上讲，这是所有传统银行面临的挑战。一路走来，它们的成长之路围绕着管理、福利系统、内在股东管理、必要的批准和项目所用的时长。　当它们进行尝试新事物时，这就是一个阻碍。

—— 特拉弗斯·克拉克·沃克，费哲金融服务公司首席营销官

此时此刻，银行不愿意冒这个风险，有一部分原因是这些问题都是围绕管理者的。　所以，从定义上来看，数字化就意味着冒险，意味着事情可能行不通。　在银行业中，这种对于初创公司习以为常的反复过程，实际上是非常困难的。　在一家普通银行里，如果你说"这件事有20%的可能"，你就会被撵走。　然而在数字化公司中，如果人们认为事情有20%的可能，他们就会有机会尝试。　如果真行不通，他们就会努力，找出问题的原因，最终尝试解决。

—— 一位匿名的银行高管

你也许认为我们会采用云计算。　那为什么银行仍然在运行服务器？　因为它们担心云里的数据过于脆弱。　这种看法是否对呢？　如果你把数据放在云上，风险系数会很大。　所以，要自己掌管服务器进行控制。

—— 一位匿名的银行高管

要想有所改变，采用新的工作方法，就要从有经验的人那里汲取经验。比如说那些拥有数字经验和设计经验的人，以及对现代银行科技和设备有经验的人。接下来的问题就是，银行业如何才能吸引这些人才？

这个行业面临的最大挑战就是人才的缺失。

——阿里桑德罗·哈塔米，莱斯银行前主管

如果你是象牙塔里长大的聪明小伙，那你最好不要到商业街的银行里工作。你应当到谷歌、脸书、苹果公司这类的公司里去。

——大卫·伯奇，海波龙咨询公司总监

目前，世界上的创新最需要的就是数据和科技。真正在数据和科技方面能有所作为的人不在银行里，而在别处。

——安妮·博登，斯塔林银行总裁

然而，现在银行已经在这方面有了进步，并努力营造吸引这类人才的环境。那么，即使有了你想要的人，如何组织和激励他们仍然是进一步需要克服的困难。

> 银行里没有一个人会积极地去最大限度地增加客户的收益。 人们要负责的是最大限度地增加销售银行卡的利润，或者最大限度地增加贷款回报的利润。 目前，就银行的定义而言，它们的业务都是竞争关系。 举个例子，销售银行卡和贷款就是在竞争，投资和储蓄也在竞争。因为它们的组织方式，企业的不同部门不能就客户的需求综合考虑。 同时，它们集中在业务线上，因此，要让银行回到理念上来是很困难的。 这个理念不是有关业务，而是关乎客户体验或客户收益。
>
> —— 一位匿名的银行高管

> 在银行中雇用数字化职位的员工， 对于银行来说是一次冒险， 因为这不属于传统工作。
>
> —— 安妮·博登， 斯塔林银行总裁

> 数字化经常被视为一个途径， 因此错失了大好机会。

> 这就如同不看报纸而将它铺着当垫子一样，没有抓住重点。
>
> —— 李桑基，巴克莱银行前集团设计总监

要克服这些困难是不容易的，因为管理层大多是来自非数字化部门。在我们做的关于银行高管的调查中，仅仅有21%的调查对象认为银行的管理层对数字化通晓熟知，这个观点在访谈中多次出现。①

> 银行大多数的管理者对数字化工作不是很了解，因此，他们对数字化银行不放心。管理层不知道运营的本质，而大量的员工却在做着这部分业务。
>
> —— 阿里桑德罗·哈塔米，莱斯银行前主管

其实，管理者自己也面临着个人挑战。如果你在银行工作了多年，那么，在你职业生涯的最后，你是没有多大动力

---

① Adaptive Lab / Research Now banking industry quantitative research study-Jan 2015

做出改变的。

> 如果你面临退休，在你职业生涯的最后为什么要去冒
> 险呢？
>
> —— 一位匿名的银行高管

## 科技

我们在调查中不断强调，缺乏灵活性的基础设施是银行面临的最大内在挑战。不出所料，像人群和文化一样，科技也成了我们访谈中每个人认为的创新的障碍之一。

> 我们应该集中精力在创造绝佳的客户体验上，而不是
> 疲于应付传统平台所支持的业务。
>
> —— 伊恩·布朗维奇（Ian Bromwich），巴克莱卡
> （Barclaycard）公司数字常务董事

传统平台是针对不同年代而设计的，当通宵处理大量支

付交易时，开设分支还是可行的。目前对它的期待，是让所有业务实时在移动电话上实现。现在的平台虽然有了改善，但当复杂性在不断增加时，它还得努力跟上变化的节奏。

在一家像莱斯银行或苏格兰皇家银行这样的银行里，会有各种各样的系统和程序，它们在不同客户层和渠道之间转换，然后你会有很多产品。 如果你把所有渠道和产品进行综合考虑，将会十分复杂。 只有小部分人了解各种问题的叠加系统。

—— 安妮·博登，斯塔林银行总裁

当你想要探索像设计应用程序接口那样的机遇时，问题的复杂程度会越来越高。

现在的银行在实施开放应用程序接口方面已经面临巨大的挑战，因为服务领域巨大。 持有开放的应用程序接口对金融机构来说是非常明智的，然而问题在于现有的系统操作起来非常困难。

—— 一位匿名的银行高管

> 要达到应用程序接口所要求的门槛，我认为银行系统还不能达到简化数据，这是个问题。如果退一步，银行就仍然要玩追赶的游戏。虽然它们在投资，但当它们完成信息技术（Information Technology，简称 IT）项目后，就会落在后面。
>
> —— 一位匿名的银行高管

即使银行自身不灵活，但它们内部还是有改变的欲望，那是为创新而改变的驱动力。但其实还有另一个驱动的力量，它凌驾于创新之上，那就是管理。

> 如果你采访不同的银行，你就会发现，任何银行的信息技术预算的 50%~90% 都由监管变化所带动，这就使转变非常困难。
>
> —— 一位匿名的银行高管

> 为了达到监管的目的，大型银行每年花费 5 亿~20 亿的资金维护相关系统。那么，想象你现在在一家大型银

行工作，你要做的第一件事就是确保你能跟上所有的监管变化。 一旦有一个小小的变化，你就要上百次地改变系统，你还得想着为客户提供非常棒的体验。 但如果客户得到了产品，为客户提供持续的体验就是一项巨大的工程，这并不简单。 银行里有非常聪明的人把事情做得很好，但他们所做的大量工作是那些难以应付的传统工作。

—— 安妮·博登，斯塔林银行总裁

在本章，我们看到了来自银行高管的意见和想法。传统零售银行所面临的挑战随着企业外部的变化而变。下一章，我将概述我认为比较好的解决策略。

第五章

**引进一家贝塔银行：
老牌企业这样应对**

> 现在重要的不仅仅是时间节点上的竞争优势，而是随着时间流逝的进化优势。
>
> —— 加里·哈默尔（Gary Hamel）

在前面的章节，我们已经看到了一些新兴银行分拆了传统零售银行的经营模式，同时呈现出银行发展转型的 3 个阶段。在这一过程中，老牌银行即将在交易方面被替代，沦为无足轻重的工具而减少，在新兴科技挑战核心竞争力之前解体。

我们认为这样的设想正在发生，你若不相信、不接受这个事实，是非常难的：我们在第一章的概述中提到，科技和消费行为变化的节奏只会慢慢增快，消费期待会越来越高，竞争也会随之越来越激烈。

> 5 年前，你也许会草拟一份多年信息系统策略，并相信其 80% 是正确的。 但目前的情况是市场动态和发展节奏有了重大改变，和之前的情况大不相同。
>
> —— 伊恩·布朗维奇，巴克莱卡公司数字常务董事

你一旦接受了这个事实，就会开始计划与之相应的回报。

**1. 着手数据转型。**

为了降低成本/收入比率，完善客户体验，适应新型工作方式，一定要拿出大量的历年工作项目。

**2. 创新投资。**

很多银行有专业人员带领的大型内部创新团队。这些团队通过对新式服务和产品进行研究、设计和规划，从变化的客户行为、新兴科技以及商业模式中探索新的机遇。

**3. 与初创公司为伴，须通过科技加速。**

运行结构中的孵化器或加速器可以帮助早期的科技公司建立，并扩大公司规模。初创公司的利益是从银行获得的小

部分资金，有时候也可能从银行那里得到服务和数据。从银行的角度来看，它们在新思维和新方式的环境里，可以学习自己选择的公司。

**4. 准备一笔风投基金投资初创公司。**

看到初创公司的快速发展，银行也可以筹集自己的投资资金，与初创公司的投资资金持平。

银行已经做好准备，在我们看来，银行将致力在我们上一章提到的 3 个因素即人群、文化和科技。而这 3 个因素将产生深远的影响。

> **大规模企业要想转型，真的是非常困难。**
> —— 李桑基，巴克莱银行前集团设计总监

如果想拥有新文化和科技，吸引能建设世界性银行的优秀员工，就要成立一家贝塔银行。

## 遇见贝塔银行

### 反思

贝塔银行是一个新的起点，为了确保它可以适应未来的

发展，要反思、再创并重新建立银行。

### 分离

贝塔银行不同于现在的银行，它有不同的总部和独立的管理层，因此，它可以自由独立地做决定。

### 尝试

贝塔银行是一种尝试，它不仅是对新产品和新服务的尝试，更是一种对新的思维方式的尝试。

### 数字化

贝塔银行经营的是一整套的数字化业务，它的数字化不仅体现在服务等具体工作实践上，还有它看待世界的方式。

### 设计

贝塔银行的出现是为了决策和解决问题的。它优先投资的是高级客户体验。

### 焦点

贝塔银行并不是针对所有人群，它只为明确的客户群和客户行为提供少量优质、与众不同的产品和服务。

**开放**

贝塔银行是透明而开放的，它有清晰的业务模式、简洁的标价以及大众都可以看得到的利润，这些在建立客户信任方面很有帮助。

贝塔银行听起来像是一家大型企业，为了执行自己的策略，它有合理的经营理念，最主要的理念是资金高效化。仅仅在计划阶段，数字化的转型就需要上百万，甚至上亿元的资金，同时，技术平台的更新还需要大量资金。反过来，贝塔银行将会以更精准的运营模式，在资金的使用上更加高效。

其战略目标的另一个合理的经营理念是：贝塔银行脱离大型银行获得独立自主。看似跟随实验性商业冒险的步伐越紧越好，但这很可能会适得其反。总公司很可能用公司抗体阻碍贝塔银行的发展，这种力量，既直接又间接，有助于维护公司文化。可这种力量同时也会过度影响本身的发展方向进而破坏新兴商业模式的尝试。

银行可以在其他行业的几个例子中找到灵感。塞氏（Semco）公司是一家巴西的公司，它追求这种经营模式，其约 2/3 的新产品都归功于卫星公司。①

近期的一些例子：由英国天然气（British Gas）公司创建的智能中央加热服务公司蜂巢（Hive）、西班牙电话（Telefonica）公司所有的"虚拟"移动网络公司格芙伽弗（GiffGaff）、由阿维娃（Aviva）创立的保险公司使我快乐（Quote Me Happy）。

## 10 步创建贝塔银行

> 10 年前，我认为我们没有任何一个人可以相对接近我们的想象，我们今天的局面对预测未来，是很有价值的。 尤其当历史告诉我们，变化的步伐越来越快。
> —— 汤姆·霍普金斯，益百利公司客户服务部产品创新总监

为贝塔银行的建设打下基础，应有两个核心理念：它的竞争优势在于它的适应性和速度，它的设计要使它在竞争中脱颖而出。

---

① https：//hbr. org/product/ricardo-semler-and-semco-s-a/an/TB0199-PDF-ENG

为了实现这两个理念，你在考虑建设银行时，需要分 10 个步骤进行。

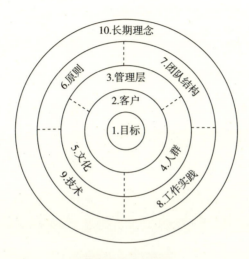

**贝塔银行的经营模式**

注：1. 找到一个具有启发意义和吸引力的目标。

2. 组织应围绕客户而非产品。

3. 任命专业管理者。

4. 聘请"三维"人才。

5. 营造尝试和学习的文化氛围。

6. 为决策设立原则。

7. 组织小巧、多元背景的团队。

8. 围绕现代工作实践进行设计。

9. 为灵活性设计科技和数据。

10. 具备长远的战略眼光。

## 找到一个具有启发意义和吸引力的目标

你要用目标驱使贝塔银行运转。

贝塔银行的建设目标应该与众不同。当一家公司有清晰明确、鼓舞人心的目标时，它不仅会吸引很多优秀员工，同时也可以吸引赞同这种目标的客户群。

目标的影响由 2013 年德勤（Deloitte）公司做的调查可以看出。调查显示，90% 的调查对象认为他们有强烈的目标感，公司一路走来，一直有优异的金融表现。这些公司拥有优质员工和较高的客户满意度。

谢家华（Tony Heish）是美捷步（Zappos）公司的创始人，提出了"传递幸福"（Delivering Happiness）的目标。他说："我们和员工围绕目标进行沟通后，发现员工突然对公司的事务变得激情满满，有了更高的参与性。当客户说他们可以感受到电话另一头员工的热情服务时，这表明员工不仅为了工资，而且发自内心地想要提供更好的服务。供应商来到我们公司，说他们想待得久一点儿，并且想要增加访问的次数。"

要想在一家刚成立的大型公司里成功定义公司的目标是非常困难的，可是贝塔银行在自己的理念中就有明确的目标——所有的员工理解它，并坚信能实现它。

这方面的例子有：谷歌"组织来自全世界的信息，让它们在全世界范围里触手可及、让大家满意"的目标。同时，在我们周边，英国信用卡发行公司新一天（NewDay）公司说它的目标是"帮助人们在金融方面更加得心应手"。

一个明确的目标可以帮助公司集中注意力。在《代表而非售卖》（*It's not what you sell, it's what you stand for*）一书中，罗伊·斯彭斯（Roy Spence）作为位于得克萨斯州的广告公司 GSD&M 的联合创始人，和他的合作作家海莉·罗馨（Haley Rushing）一同写道："面对机遇或者挑战时，要问问自己：'确定的目标是正确的吗？它可以推动我们的事业吗？'如果你认为它切实可行，那你就放开手去做。如果不行，你就不要行动。如果这是实现大目标的小目标，就充分利用它。如果它与你的目标相悖，立刻抛弃它。"

最后，面临转变时，公司的目标有非常重要的作用。如果你足够坚定，它就会有机会实现，并在实现目标的过程中反思自己的经营模式，而不是因为习惯或科技投资在前，就坚持之前的老路子。

### 组织应围绕客户而非产品

贝塔银行是以客户而非产品为导向的。它不像目前的账户或抵押服务那样从金融产品开始做起。贝塔银行基于目标客户的需求和行为设计自己独有的服务，它的生命周期不断更新，开辟自己独特的发展道路。

基于客户而不是产品的服务，不仅让它设计出了更好的服务，让客户有了更好的体验，还帮助它抛弃了顽固、传统的产品和技术，这在充满变化的时代非常重要。

西奥多·莱维特（Theodore Levitt）是《哈佛商业评论》（*Harvard Business Review*）的前任主编，在文章《营销短视症》（*Marketing Myopia*）中，他介绍了客户导向的理念。莱维特谈到了北美的铁路系统为何每况愈下，因为"它是以铁路为导向的，而不是以运输为导向的"。同样地，他谈到了电视出现之后，好莱坞是如何日渐衰退的。因为好莱坞认为它做的是电影生意，而不是娱乐业务。

银行目前的经营常态，是客户在同一个银行里购买 5 个金融产品是少见的。客户当然知道，银行在努力进步。这种情况体现了银行的几种运行方式。首先，当客户联系代理商的客服中心时，他可能无法得知所有客户信息和账号信息。其次，当客户想在线上或通过移动应用获取信息时，在单一界面上，他可能无法看到所有信息。要想浏览所有信息，客户被要求登录并访问不同的网站。这些都导致了客户体验的欠佳。

　　因此，当你走进一家银行，你和我不会被看成我们自身，而是会被视为 X 街的抵押贷款人和信用卡 Y 的所有者，诸如此类。　因此，我的 4 种产品可能被视为 4 位不同的客户。　银行里没有人被调动起来实现客户的利益最大化。　人们负责的是实现售卡利润最大化或贷款利润最大化。

　　　　　　　　　　—— 阿里桑德罗·哈塔米，莱斯银行前主管

　　为了避免这样的情况，做到真正的以客户为导向，贝塔银行确保能真正理解自己的客户，它对客户的了解分散在不同层次的业务中。科技领域的例子证明了这一情况。

　　在近期《连线》（*Wired*）杂志的一篇文章里，爱比迎的设计主管亚历克斯·施雷弗（Alex Schleifer）分享了这样的观点：公司应当至少安排一人，他只有一个角色，就是在每个团队中代表客户进行体验。①

　　另外一个关于爱比迎的例子，显示了客户体验对产品和

---

　　①　http：//www.wired.com/2015/01/airbnbs-new-head-design-believes-design-led-companies-dont-work/

服务的重要性。布赖恩·切斯科（Brian Chesky）是合伙创立
人之一，在公司刚起步的时候就极力倡导这样的理念。他在
生活中的每时每刻，在生活中的角角落落，如租住的房屋中，
都在体验作为客户的感觉。他的这种理念对建立以客户为导
向的共识很有帮助，同时给管理层和公司其他成员展示了一
个良好的开始。

同样地，史蒂芬·乔布斯（Steve Jobs）过去经常谈论
"保持初心"（staying beginners）的重要性。他认为要经常像
初次体验那样看待自己的产品。所以，苹果公司为它的产品
在售卖前都装上充了电的电池，人们购买后把产品从包装盒
中拿出来就可以直接使用。

## 任命专业管理者

贝塔银行的管理层不仅熟悉领域里的工作方式，而且相
当精通。

博柏利（Burberry）十分了解专业管理者的重要性。公司
的高层管理者克利斯托夫·贝利（Christopher Bailey）刚进入
公司时是一名设计总监，之后被提升为首席创意总监，后来
又成为总裁。在面对与银行一起竞争的初创公司时，这些专
业管理者并不排除在外，而是与公司其他人一样。

由约翰·前田（John Maeda）与设计合作伙伴——罗得岛设计学院（Rhode Island School of Design）的前主席在凯鹏华盈风投中一起进行的分析显示，以设计为主导，快速发展的公司越来越多。同时也表明，加深客户的科技体验，会让公司夺冠。[①] 自 2010 年以来，已经有 27 家初创公司模仿谷歌、脸书和雅虎而成立，它们都是由设计师共同创立的。同时，越来越多的顶尖风投支持的公司的合伙人都是设计师。

一家贝塔银行的管理者对这样的理念非常自信，包括从人群研究、应用程序接口到对照实验。这并不意味着他们没有银行业的背景，而是说当已经有了一点儿银行业背景知识后再对数字化精通要比精通银行业而生疏于数字化要好太多。

第一资本是一家有名的金融服务公司，正如其设计副总裁丹·麦科斯基（Dan Makoski）所展示的，他十分重视自己的设计管理层。丹·麦科斯基之前就职于谷歌的先进科技与计划部门。与目前很多快速发展的公司的管理层不同，他们更像是大纲编辑器。

贝塔银行的管理层不仅对数字化和设计很有经验，而且很会吸引世界上设计和科技领域的人才，即使他们那里没有

---

① http：//www.kpcb.com/blog/design-in-tech-report-2015

很多像埃隆·马斯克（Elon Musk）那样的管理者。埃隆·马斯克是贝宝的合伙创立人，还创立了特斯拉（Tesla）公司、太空探索技术公司和太阳能（SolarCity）公司。他是能为公司吸引有才华的员工的典范。

贝塔银行的管理层所引领的潮流具有启发性和推动力，同时也充分体现了自由发展和赢得团队自主性的重要性。这种类型的管理层最典型的分散决策要属塞氏企业 —— 一家巴西的联合大企业。其总裁理查德·塞姆勒（Richard Semler）最近一次做决策，还是在他们积极庆祝公司十周年的庆典上。

同样地，当美国西南航空（Southwest Airlines）公司的赫布·凯莱赫（Herb Kelleher）被问起如何带领公司走向成功时，他说道："这都是大家共同努力的结果。我一点儿都没插手。"持这种观点的还有伊尔卡·帕纳宁（Ilkka Paananen），他是一家非常成功的钓鱼游戏公司超级细胞（Supercell）的总裁。他在《连线》杂志的采访中说，自己的目标是成为"世界上最无权的总裁"。他认为，在团队中应该下放权力而不是严格控制。

### 聘请"三维"人才

贝塔银行的成功基于员工的能力。贝塔银行的员工应是三维（Triple Dimensional，简称 Triple D）人才：精于设计、专业化、数字化且背景多元化。

精于设计，即员工应从客户的角度、结合客户的背景看问题，并找出疑问，而不是从公司的角度出发。员工应通过原型解决问题。数字化管理者是理解数字化世界的人，他们与数字化一起成长，并从本质上理解数字化的工作方式。最后，多元化的背景促使员工从不同角度看待问题，当一群人代表一个团体时，这种融入的思维方式更有成效。

既然这类人才难能可贵，那么，他们的能力就更为重要。从 1998 年到 2012 年，帕蒂·麦考德（Patty McCord）在网飞公司担任首席人才官，在《哈佛商业评论》的一篇文章中他这样写道："你能为员工做的最好的事，仅仅是雇用 A 类人才和他们一起工作而已。"① 为了践行这个理念，公司有丰厚的遣散费，用以解雇那些没有 A 成绩的员工。

吸引这些 A 类优秀员工并不简单，然而，贝塔银行从头到尾的设计都是为了吸引最优秀的员工。

丹尼尔·平克（Daniel H Pink）是《驱动力》（Drive）的作者，《驱动力》是一部关于积极性的书，讲的是积极性

--------

① https：//hbr. org/2014/01/how-netflix-reinvented-hr

3.0 的观点。平克说现在员工追求的是自主、精通和目标。

声破天是在追求自主方面的一个很好的例子，虽然这个目标看似渺小，但是对于这类的人才、贝塔银行的员工，以及想与他们一起工作的人来说，却非常重要。声破天的软件工程师可以自主选择开发软件的工具，而不是听命于公司，这样的情况在大公司里是常见的。

精通是人们想改善关乎自己的一切。声破天在这方面同样是一个很好的例子。它把员工按照所谓的班、族、分会以及行会进行组织。行会事实上很有趣，它是公司的利益集团，组织员工一起分享知识、工作实况和工作方法。这种松散的结构鼓励员工学习，能使员工实现自我提高。

我们之前提到过目标的概念，但我认为这里的重复还是有必要的。伊丽莎白·莫斯·坎特（Elizabeth Moss Kanter）是哈佛大学商学院的教授，她对很多公司做过研究，指出尊重创新的必要性。[1] 她说："人们可以受启发后去实现一些延展性的目标，如果他们看中这个目标，有可能会接受挑战。"[2]

这里有必要提一下 D 特性，即"离经叛道者"。这样的

---

[1]　https：//hbr.org/2011/11/how-great-companies-think-differently/ar/1

[2]　https：//hbr.org/2013/04/to-find-happiness-at-work-tap/

环境里，离经叛道者经常会质疑团队的设想，违背团队的统一性，并且追问：“等等，我们为什么要这样做？”事实上，这就是史蒂芬·乔布斯在苹果公司里扮演的角色，特别是在公司的早期时候。每一个团队里都会有一些离经叛道者。

### 营造尝试和学习的文化氛围

贝塔银行不仅允许而且积极鼓励、奖励员工进行尝试。

这种尝试的想法已经根深蒂固在科技公司的神经里。2014 年，在一封写给股东的信中，亚马逊公司的总裁杰夫·贝佐斯（Jeff Bezos）强调了公司对尝试的承诺，会根据其网络实验室（Weblab）主动的尝试数量评估网站，改进产品。尝试次数从 2011 年的 546 次上升到 2012 年的 1 092 次，2013 年达到 1 976 次。

同样地，谷歌也支持员工进行尝试。谷歌的行政主管埃里克·施密特（Eric Schmidt）说：“我们的目标是在每一个时间和金钱单位上，要比别人有更多的‘球数’。”

令贝塔银行骄傲的是，它对尝试的提倡有自己的优势。自身员工的多样性和不同背景，都对“尝试”有帮助。但这还不够，贝塔银行将这个优势充分利用，应用在边缘的客户群体、不同的地域和可选择的部门中。比如，会提这样的问题：在亚洲通过学习移动通信客户的使用行为会有什么收获吗？赌博如何在线联系客户？

尝试不仅提供了进步的机会，还提供了宝贵的学习机会。汤姆·齐（Tom Chi）在谷歌 X 工作，他所在的部门专门负责"月球探测器"（moonshot）项目，生产如谷歌眼镜和无驱动汽车等产品。他认为没有错误就是 100% 的错误。相反，一个错误反而会有 5% ~ 10% 的成功率。团队从小的成功案例中学习经验，渐渐地，他们就会从明显的错误中吸取教训。相比快速失败，汤姆·齐更喜欢"快速学习"这个说法，他认为不断增加的尝试次数可以将学习的效率最高化。

为了最大限度地利用学习机会，贝塔银行设计了相对轻松的科技实验，并且用正确的标准去衡量结果，以客户为运行向导。

贝塔银行的尝试不仅围绕目前的数字化产品和数字化主张，通过探索测试生产环境中的新特色和客户访问过程，进行所谓的多变量测试，还围绕特色主张进行测试，探索潜在的新型经营模式。

### 为决策设立原则

如果公司的目标是长期性的，那么它的原则和基于日常需求制定原则的人们，都要致力于营造实现目标的文化氛围。

明确的原则会帮助贝塔银行快速发展，因为它有助于做出决策，帮助团队自主决策。

贝塔银行的原则是清晰易懂的，就像它的目标一样，渐渐地，它就会通过相关案例展示自己，进而扩大公司的文化。

政府电子服务（Government Digital Service）负责政府的数字化转型，为了解释如何工作，如何做出决策，它形成了一系列原则。它的原则之一是努力使自己的原则简单化，使自己的团队简化服务，以确保自己设计的服务可以为不同的客户群体轻松使用。

定义原则比坚持原则容易，因此，贝塔银行认为自己的员工应当在定义原则时发挥主要作用。因此，在招聘员工的时候，它要寻找有相同观念的人。

原则可以解释工作和做决策的方法，还可以促使团队追求成功。有关结果的讨论，不仅有助于调整原则，而且，当有一个信任可靠的工作环境，还可以使团队做出自己的选择，比如如何达到这些目标，而不仅仅是找到一个简单的方法或答案。

正如著名的法国作家安托万·德·圣·埃克苏佩里（Antoine de Saint-Exupéry）所言："如果你想建艘船，不要鼓励人们去搜集木材，不要给他们指派任务和工作，你要做的，只是教他们向往广阔的大海。"

### 组织小巧、 多元背景的团队

贝塔银行的设计自始至终都是为了它的灵活性。它的团队设计使其快速形成新型服务，并且时常对市场上已有服务的进行优化。

这些团队的小巧灵活，是有意为之的。一些与学术研究有关的成功集团给我们展示了：为什么越小的团队效率越高，为什么贝塔银行的团队很少超过 6 ~ 8 人。

超级细胞是一家钓鱼游戏公司，是 5 ~ 7 人的团队，他们被称为"细胞"。亚米（Yammer）是微软公司以 12 亿美元收购的一家科技公司，喜欢 2 ~ 10 人组成的团队。声破天的团队是典型的少于 8 人的团队。

不仅科技公司采用了这样的方法。通用电气金融服务（General Electric Capital，简称 GE Capital）公司的首席信息官吉姆·福勒（Jim Fowler）有约 30 万个团队、4 500 位员工，他认为最佳的团队人数应该为 10 人。

为什么小型团队更好呢？这里有 4 个主要原因：

**1. 大型团队进行沟通和协调更加困难。**

随着团队的发展，要通知所有的团队成员会需要更多的时间，而且相互误解的概率会增大。[①]

**2. 队伍越大，办事速度越慢。**

专家已经确定了一个名为"团队比例谬误"的问题，它使团队忽略了完成任务所花的时间，因为他们认为越大的团队效率越高。[②]

**3. 大型团队压力感会增加。**

"合理损耗"（Relational Loss），体现团队的凝聚力和关系的重要性。个人会感觉，随着团队的发展，他们渐渐失去了支持，这会缓冲紧张感，也鼓励了积极的表现。[③]

**4. 社会惰化。**

社会惰化是个人的一种趋势，当与别人一起工作时，自

---

[①]　https：//hbr. org/2009/05/why-teams-dont-work

[②]　http：//public. kenan-flagler. unc. edu/Faculty/staatsb/neglect. pdf

[③]　http：//www. sciencedirect. com/science/article/pii/S0749597811001105

已付出的努力比单独工作时少。①

贝塔银行的团队虽然小，但具有多学科背景。硅谷产品团队的创始人马蒂·卡根（Marty Cagan），现在是美国在线（American Online，简称 AOL）公司、易趣公司、美国网景公司和惠普实验室（Hewlett-Packard Laboratorys，简称 HP Labs）的高管，他认为理想的团队应该具有这样的特点：产品经理会考虑客户体验的设计、产品的市场定位，项目管理者具备工程学知识。

多学科的团队能够更快成长，因为它拥有所有必要的技术和能力，这意味着团队不依赖于公司里的其他团队或组织。另外，它可以更加专注，而不是疲于好几个项目，在这种情况下，效率往往会更高。

### 围绕现代工作实践进行设计

贝塔银行的数字化产品的发展团队是公司的真正发动机，因为整个公司应当围绕它进行设计。我们已经谈过了团队的大小和组成，但是为了让它做出更好的成绩，它工作的方式

① http：//psycnet. apa. org/？ &fa= main. doiLanding&doi= 10. 1037/0022-3514. 65. 4. 681

也是非常重要的。

在开发产品的时候，好几种理念推动着贝塔银行的发展，即设计思维、高效、灵活和持续的发布。让我们一一进行解释。

**1. 设计思维。**

设计思维是从目标客户的角度发现问题，根据他们的需求和行为从不同角度找到对应方法，与真正的客户一起进行快速设计和测试。

**2. 高效、明确的新创方法。**

高效、明确的新创方法在创建、衡量、学习之间进行循环，建议尽早发布最小化可行性产品（Minimum Viable Product，简称 MVP），这样才会在进行大额投资之前，使有价值的客户反馈尽快地聚集在一起促进思考。当下一代产品发布的时候，会参考这次的学习收获。

**3. 灵活的发展。**

灵活的发展有短期计划的要求、设计的要求、发布的要求以及常规测试的要求，而不是在最开始时计划和设计，经过长时间的发展最后再测试。这样，会取得随时的反馈、对日常需求优先权和要求的不断评估。

### 4. 持续发布。

持续发布是开发软件使用的方法，通过自主处理任务，比如测试、提高发展频率等方法加快发布。

将这一切结合起来体现最终客户对整个过程的重要性。要确保他们是自问题出现到市场产品过程中的一部分。

虽然，对于银行来说这些方法比较新颖，但是它们的重要性已经开始体现出来。更大的挑战，是这些方法已经渗入了其他的领域和过程（例如保险领域、金融领域和协调部门）。贝塔银行认识到正确的工作方法的重要性，因此，已开始应用这些方法，并利用相应的工作模式设计其他程序。

### 为灵活性设计科技和数据

银行业初创公司或相关部门所面临的最大挑战之一，是它们的传统科技。伴随新型产品、市场和渠道的出现，过去建立的大型系统已经显得越来越复杂。尽管科技有了进步，科技的设计实践也应如此。正如贝塔银行设计自己的团队一样，它也应该为了适应和提高速度设计自己的科技。

对于一家贝塔银行来说，客户肯定是最重要的。其次是数据和应用程序接口，因为它们对灵活、可操作的驱动软件很重要。设计优良的应用程序接口、控制台和测试环境可以替代习惯集成、浪费时间的面对面开会，并且会使团队的工作速度加快。

不仅如此，应用程序接口也会创造和同伴或者第三方一起工作的机会，以此创建基于银行技术和数据的应用。贝塔银行认识到拥有客户界面的重要性，也明白它不可能拥有所有的客户界面，尤其是当有新伙伴参与的时候。而通过应用程序接口，它可以控制所有客户和银行服务的界面。

脸书是最好的平台之一。它有一定规模的应用程序接口，可以创造巨大的利润。脸书利用自己的应用程序接口平台，创立了价值数十亿美元的公司。这些公司拥有脸书的新经验，这不仅帮助脸书维持自己的客户，还经常会创造新的收入。

塞尔福斯（Salesforce）网络公司是另一个意识到建立应用程序接口可以带来巨大收入的公司。它通过为其他企业提供软件服务（Software-as-a-Service），为公司带来了财务收入的50%。另一个例子是贝宝公司，它通过同样的方法赚到了自己财务收入的60%。

据说杰夫·贝佐斯规定亚马逊的所有团队都要通过应用

程序接口公布自己的数据和功能，照这样看，一天时间他们就会暴露自己的所有。沃纳·沃格尔（Werner Vogel）是亚马逊的首席技术官，说这就要求"不管自己的客户是临时的还是长期的，但每一个服务都要集中在自己当前的客户身上"。

虽然贝塔银行意识到应用程序接口的初始利益，但银行最终会满足客户的需求。银行可以更快地发布新产品，而且第三方也能通过其他的界面和服务为银行提供功能。

### 具备长远的战略眼光

如果突然决定成为一家数字化银行，那这意味着如何出售自己的分公司。我们应该关掉几家或者改变客户体验，诸如此类？要理智一点儿，这些是银行要进行的讨论。实际上，它大大促进了银行的发展。它不仅从概念上区别了一种完全不同的商业模式，而且也需要解雇部分员工，重建基础设施和投资不动产等。当公司在努力为下一季度创造更多的收入时，这件事实际上是很棘手的。你不会想到在接下来的 3 年时间里会发生什么。

——阿里桑德罗·哈塔米，莱斯银行前主管

贝塔银行有长远的眼光，这有好几个原因，其对银行自身的发展很重要。首先，它有助于将股东和客户利益结合起来。

1997 年，杰夫·贝佐斯对投资者说亚马逊将专注在长远发展上。他说道："如果你的初衷是为了长期发展，客户和股东的利益就是结合在一起的。短期内，这可能做不到。"换句话说，当公司为了下一个季度的经营做决策时，会将股票的价格首先考虑，不会看重客户。这样，可能会给一个重要的股东带来好的结果，可从长远来看，这也许会带来一个负面结果。

要做好这项工作，需要认真考虑两件事情。第一是员工激励，第二是投资关系。

美捷步是一家美国鞋子零售店，这家公司有长远的眼光且会鼓励自己的员工。谢家华是美捷步的总裁，他说，如果客户想要的商品在美捷步的网站上没有库存，那么他们就会在竞争的网站上去寻找并购买。他还说："短期内，我们只是丢了这笔交易……但这样，我们就不会最大限度地利用每一笔交易。现在，我们正在努力最大限度地利用每一次消费体验，并且与客户建立长期的关系。"同样地，在设计贝塔银行的结构时，对于不同阶层的员工，激励都应该与长期的结果进行结合。这样，才可以结合利润平衡客户价值和积极影响。

投资者应该理解并且维持这样的平衡。在刚开始时，贝佐斯与投资者一起就长期发展进行交流，结果让他得以继续坚持自己的策略。贝塔银行同样也要确保从投资者那里能获得支持。

秉持长期发展观也意味着在人群和文化方面进行投资。一家在技术和设计主导方面都有竞争力的世界性公司需要的人才是相当稀缺的，所以在录用时应该将环境作为员工的下一个挑战。对文化的适当关注使贝塔银行会创造这样的工作环境：在这里人们会想工作，并且他们的能力可以发挥到最佳水平。

最后，也是最重要的一点，长期的发展观意味着贝塔银行不仅适应了节奏逐渐加快的变化，而且对这些变化有所回应，并将自己的经营模式调整到所需状态。贝塔银行的运营模式的总结要牢记于心。

第六章

总结

科技、消费行为和竞争形势的变化，已经影响了我们生活的方方面面，也改变了企业以前为我们提供服务的环境。软件公司的发展态势正在改变很多领域，从出租车行业到酒店行业再到电信业。正如本书所讲，相似的转变正在袭击银行业。

我们引用比尔·盖茨的话开场："我们经常会高估未来两年的变化，而低估未来 10 年会发生的变化。"那些持怀疑态度的人，更应该记住微软创始人的座右铭。

虽然我们还未见到银行业的"网络信使""优步"，但很可能它们已经在发展中。更有可能的是，至少在现在，它或许还不是一家银行。也许它现在正在经营银行的一项业务，且业绩远远好于其他的任何一家银行。

我们已经提到过几家此类公司，它们针对银行的特殊部分，以不同的思维模式，更专注于为客户提供服务。像融资圈和明智转账这样的公司，现在没有采用银行固有的经营模式，但基于它们的服务焦点、对经验的反思、分工和操作模式，它们最终能够超越银行。它们的发展速度会越来越快，并且使越来越多的初创公司有更多可用资金。

在接下来的 10 年，将有更多的初创公司出现，一系列的事件会对老牌企业产生很大的影响。现在的情形是：首先，银行会被提供更好的客户体验和更优惠的价格的初创公司所取代，然后其收入会缩减，接着在高频率变化的环境中沦为一个普通工具，最后新兴科技，如区块链的到来会进一步挑战银行的核心竞争力，新的玩家会完全忽视它们的服务，进一步使其解体。

即使你不相信我们所提到的，认为初创公司不会使银行解体，即使你不认同我们预见的情形——银行会被取代，慢慢减少，直至解体，但有些事情你是很难怀疑的。

首先，未来将会有更多新兴科技公司带来很大影响。虽然移动设备和数字化科技改变了我们存款的方式，但在银行经营下，它们还是没有真正改变我们的消费行为。然而，机器学习和人工智能将会在边际成本的考虑方面进行大规模运用，使银行服务变得私人化，得以时常更新。区块链的真正影响还没有完全被我们所知，可真正的范式转换终将到来。

其次，年轻一代的银行客户在智能、网络等环境中长大，他们的银行行为将会如何？他们会信任谁去提供银行服务？

以上所述是目前英国和欧盟的大环境，有力的风暴正在袭击零售银行的经营模式。曾经保护银行业和阻挡进入行业的因素已经被政府减少，并且政府正在鼓励竞争和创新，通过一系列措施，比如简化银行批准程序、颁布支付服务的修订指令和改变交换费用等实现。

尽管银行对自己的地位感到很自信，目睹周围发生的变化，并且正在投巨资改变自己，可是当挑战涉及人群、文化和科技时，它们就不得不彻底被颠覆。

几十年前，科技被应用在很多领域，可是现在却不得不服务一些在自己创始之时还未出现的领域。因为各种各样的产品、市场和渠道发生的变化和日益复杂已经使科技难以应对，同时还须面对遵从而不是创新驱动的待办事项。

文化也一样，是经历多年，甚至上百年而演化的产物，银行并不例外。成功的银行自身擅长操作熟知的商业模式。但是当它开始保护这种商业模式时，就意味它开始规避风险。因此，对银行来说，和初创公司那样思考基本上是不可能的，因为它有内在的标准，会不断重复它一直做的事情。

接下来是人群。即使银行雇到了合适的人，但是去克服规避风险的意识对它仍然是一个很大的障碍。你如何说服高管开始一个对其部门、业绩有威胁的项目？你如何叫一个有上千员工的集团和有一打员工的小型初创公司一起接受改变？

我们认为，银行面临的困难从自身去克服是很难的。相反地，银行应该在其外创建一个自主集团，这就是我们称为"贝塔银行"的公司之所在。它将会完全为应对不断变化的世界而设计。速度是它的竞争优势，同时设计和客户体验也使其与众不同。

贝塔银行除了为速度和适应变化而设计，同时也对可持续的发展模式有长远发展观，并在其目标中增加客户价值。为了追求目标，它抛开了短期利益，专注于实现长期目标。

贝塔银行是由专注于设计、精于数字化的员工引领的。整个模式都围绕一个新式产品发展的方式进行组织。尝试和学习的文化使自己灵活而多学科的团队探索新的工作、体验和经营模式。它的操作系统由应用程序接口驱使，并嵌入公司和技术的网络。

贝塔银行从新一代的软件公司那里学到了很多。它的政策、费用和目标都是透明的，因此，可以与那些怀疑银行业的客户建立信任。除此之外，它还经常为基于年度升级而渐增的客户提升服务。

脸书创始人马克·扎克伯格（Mark Zuckerberg）曾说：

"最大的冒险是不去冒险……在这个飞速变化的世界，唯一的策略，是肯定失败才不算冒险。"

当然，一些关于模式的重要问题我们还没有回答，这需要在未来一步步深入考虑。比如，贝塔银行以后应该归入母公司吗？客户和团队是否应该围绕公司而变动？这究竟会不会发生？最后一个未回答的问题，是母公司的品牌是否会再使用？如何使用？

尽管有这些未解决的问题，但是我们仍然极力推荐银行业管理者去冒这个险，去开办一家贝塔银行。我们相信，只有这样的经营模式，才可以使有这样人群、文化和科技的公司在马克·扎克伯格所说的世界里生存。

所以，现在的问题是："你真的准备好去设计自己的贝塔银行了吗？"